DISCOVER CHINA

发现中国

China's Time-Honored Brands

中华老字号

林德汤 编

北京出版集团
北京出版社

图书在版编目（CIP）数据

中华老字号 / 林德汤编. — 北京 ：北京出版社，2020.10
（发现中国）
ISBN 978-7-200-14846-6

Ⅰ. ①中… Ⅱ. ①林… Ⅲ. ①老字号 — 介绍 — 中国 Ⅳ. ①F279.24

中国版本图书馆CIP数据核字(2019)第062062号

总 策 划：黄雯雯
策划编辑：杨薪誉
责任编辑：黄雯雯
责任校对：魏旭辉　冯姝玲
执行编辑：黄丽萍
封面设计：王红卫　张琰
内文设计：魏建欣
责任印制：武绽蕾

发现中国
中华老字号
ZHONGHUA LAOZIHAO

林 德 汤 编
*
北京出版集团
北京出版社　出版
（北京北三环中路6号）
邮政编码：100120
网　址：www.bph.com.cn
北京出版集团总发行
新华书店经销
天津联城印刷有限公司印刷
*
710毫米×1000毫米　16开本　14印张　246千字
2020年10月第1版　2020年10月第1次印刷
ISBN 978-7-200-14846-6
定价：78.00元
如有印装质量问题，由本社负责调换
质量监督电话：010-58572393

前言

在现代化商业迅速发展、电商云集、多种业态形式共同存在的今天，仍然有一批坚守传统的老店，它们就是由中华人民共和国商务部命名的“中华老字号”。

中华老字号历史悠久，拥有世代传承的产品、技艺或服务，具有鲜明的民族文化背景和深厚的文化底蕴，得到了社会的广泛认同，形成了具有良好信誉的品牌。它们就像承载着历史文化的“活化石”一样，坚持自己的特色，独树一帜，其中有些中华老字号已经被定为非物质文化遗产。

历经数百年变迁发展的中华老字号既是中华民族的宝贵遗产，也是现代中国的特色名牌，更是各地的重要文化标志之一。中华老字号秉承着中华民族的传统文化，内涵极为丰富，注重诚信、质量、周到的服务以及独特技艺等，这些优秀品质支撑着中华老字号几百年来的延续、生存和发展。例如，同仁堂的“品味虽贵，必不敢减物力；炮制虽繁，必不敢省人工”，完美地诠释了中华老字号精益求精的工匠精神；瑞蚨祥绸布店的“至诚至上，货真价实，言不二价，童叟无欺”，则体现了中华老字号的立店之本。

可以说，中华老字号代表了中华民族的悠久历史，代表了中华民族的优秀文化，也代表了中国传统文化的匠心传承。本书选取最具代表性、最具传奇色彩的68家中华老字号，以图文并茂的方式为读者奉上一场中华老字号的饕餮盛宴。本书将带你逐一去探访这些文化和记忆的“忠实传承者”，挖掘它们背后的情感符号与历史印记。

翻开这本书，你可以走进全国各地的中华老字号，倾听它们的故事，感受它们的文化，了解它们的价值。北京全聚德、天津狗不理、上海恒源祥、浙江嘉兴五芳斋、浙江绍兴女儿红、江苏扬州谢馥春……一个个耳熟能详的名字映入眼帘，也唤起了我们对一座座城市的记忆。

如果你想听一听老字号的传承故事，请阅读这本书，书中凝练的文字可以带你去结交那些鲜活的老字号人物；如果你想看一看老字号的别样风采，也请翻开这本书，书中精美的图片会让你身临其境地感受中华老字号的独特魅力。

目录

第一章 经典餐厅

第二章 美味小吃

物质文化遗
德挂炉烤鸭
Heritage Grilled Duck

第一章 经典餐厅

『吃』是中国传统文化中最生动的表现载体之一。中华老字号餐厅用历史的醇厚味道影响着一代又一代人。

北京全聚德

企业名称：中国全聚德（集团）股份有限公司
注册商标：全聚德
创 始 人：杨全仁
创建年代：清同治三年（1864年）
特色美食：挂炉烤鸭、全鸭席

150多年前，河北人杨全仁来到北京，在前门外肉市街贩卖生鸡生鸭，后来他盘下一家店开了个烤鸭铺，立字号为“全聚德”。经过多年的经营，全聚德生意越做越红火，发展到今天，已成为拥有近百家国内外分支机构的餐饮企业。

◎为什么“德”字少一横

全聚德的匾额挂了150多年，细心的人可能会发现，其中的“德”字少了一横，这是为什么呢？

有人说，当年杨全仁请擅长书法的秀才钱子龙喝酒，喝到微醺时，钱秀才拿出笔墨题写了“全聚德”3个字，竟不小心少写了一横。还有人说，杨全仁创业时雇了13个伙计，加上自己一共14个人。钱秀才题字时，杨全仁特意要求把原本15画的“德”字减去一横变成14画，有大家同心协力，心上不能横插一把刀之意。

当然，这些都是传说。那么，真正的原因到底是什么呢？原来，过去的“德”字有两种写法，可以有横，也可以没有横，比如北宋真宗年间铸造的“景德通宝”

全聚德挂炉烤鸭

富丽堂皇的门店招牌

上的“德”字就没有横，而明宣宗年间铸造的“宣德通宝”上的“德”字就有横。而钱秀才写的这个“德”字就是没有那一横的。全聚德为了体现其百年老店的历史原貌，至今仍悬挂着钱秀才题写的牌匾。

◎ 全聚德烤鸭

全聚德烤鸭是采用明火烧果木的挂炉方式烤制而成的。刚出炉的鸭子皮酥肉嫩、油光润泽，令人食欲大开。那么，在全聚德吃烤鸭有哪些讲究呢？

首先是对季节的选择。夏季空气湿

度大，烤出来的鸭皮容易发艮。故最适合吃烤鸭的季节是春季、秋季、冬季三季。

其次是烤鸭的片法。全聚德的烤鸭都是现烤、现片、现吃。片鸭的方法有3种：杏仁片法、柳叶条、皮肉分吃。无论哪种片法，都讲究鸭肉薄而不碎。

再次是搭配鸭肉的小料。小料主要有3种，一种是甜面酱加葱丝，再配以黄瓜条或萝卜条等；一种是蒜泥加酱油，也可配萝卜条等爽口蔬菜；还有一种是鸭皮蘸白糖。

最后是主食。在全聚德，跟烤鸭搭配的主食有荷叶饼和空心芝麻烧饼。最正宗的吃法是把片好的鸭肉蘸上甜面酱卷入薄薄的荷叶饼中，一口下去，唇齿留香。还有一种是“中餐西吃”，即把蘸好小料的鸭肉和搭配的蔬菜一起夹入空心芝麻烧饼中吃。

此外，片鸭后剩下的鸭架，可以配上冬瓜或白菜熬成糟骨鸭汤。

◎ 全聚德的全鸭席

全聚德在经营挂炉烤鸭的同时，还将烤鸭前取下的鸭翅、鸭掌、鸭血、鸭杂碎等制成不同的菜肴，后来又逐渐在这些菜肴中加入一些山珍海味，形成了如今以北京填鸭为主料烹制的各类与鸭有关的菜品组合——全鸭席，深受食客们的喜爱。

片好的鸭肉

02

北京东来顺

企业名称：北京东来顺集团有限责任公司

注册商标：东来顺

创 始 人：丁德山

创建年代：清光绪二十九年（1903年）

特色美食：涮羊肉、葱爆羊肉、芫爆里脊、烤羊肉吕、他丝蜜、鸡茸银耳、烤羊腿、白汤杂碎、手抓羊肉

北京东来顺饭庄是餐饮界较有代表性的一家百年老店，以经营具有民族特色的涮羊肉而享誉海内外，如今已开发出涮、炒、爆、烤四大系列200多个品种的清真菜肴，其连锁店覆盖全国20多个省、市、自治区。

◎东来顺——来自京东，一切顺利

东来顺的创始人是河北沧州人丁德山，他最开始以做苦力为生，主要是给北京城里的煤场运送制作煤球用的黄土。丁德山每次运送黄土都要经过老东安市场，他看到这里常年人来马往，非常热闹，便逐渐有了做小买卖的想法。清光绪二十九年（1903年），丁德山用辛苦攒下来的积蓄在老东安市场北门摆了一个专门卖玉米面贴饼子和小米粥的小摊，还挂上了“东来顺粥摊”的牌子，寓意自己“来自京东，一切顺利”。

1912年，袁世凯兵变，东来顺粥摊被火烧毁。后来，丁德山重整旗鼓，花钱修建了几间瓦房，挂上了“东来顺羊肉馆”的招牌，开始卖一些羊汤、羊杂碎。随着

东来顺饭庄大门

白汤杂碎

生意越来越好，丁德山又引进了涮羊肉。就这样，一家以经营涮羊肉为主的百年老店诞生了。

◎ 东来顺的涮羊肉

东来顺饭庄以经营涮羊肉而闻名，其涮羊肉具有选料精、糖蒜脆、调料香、火锅旺四大特点。

一是选料精。东来顺对羊肉的选择，从羊的产地、种类、羊龄到用肉部位都有十分严格的规定，通常选用产自内蒙古锡林郭勒盟1～1.5年的羯羊的上脑、黄瓜条、大三叉、小三叉等部位，再手工把它们切成每片仅4.5克重且片片对折、纹理清晰的肉片。这些羊肉片“薄如纸、匀如晶、齐如线、美如花”，一涮即熟、久涮不老，吃起来不膻不腻、味道鲜美。

二是糖蒜脆。吃东来顺的涮羊肉，少不了搭配东来顺的秘制桂花糖蒜。这种糖蒜以河北霸州大清河的优良品种大六瓣蒜为原料，经过去皮、盐卤水泡、装坛倒坛、放气等一系列工序制作而成，需要腌制3个月才能开坛上桌。

三是调料香。东来顺的调料十分讲究，它将芝麻酱和花生酱的甘、酱油和酱豆腐的咸、秘制糖蒜的酸、韭菜花和料酒的苦、韭菜花和辣椒油的辛这五味调和在一起，再加上鱼露特有的鲜味，形成了独特的鲜香口感。

四是火锅旺。东来顺用来涮肉的铜火锅是其加工厂专门生产的，火锅身高膛大，容炭多而不飞灰，保证炭火始终硬旺，汤一直呈沸腾状。

独特的烹调方法及合理的食物搭配，使得东来顺的涮羊肉既味美又有营养，东来顺也因此声名大振，历经百年而不衰。

东来顺涮羊肉

03

江苏苏州得月楼

企业名称：苏州市得月楼餐饮有限公司

注册商标：得月楼

创 始 人：不详

创建年代：明嘉靖年间（1522—1566年）

特色美食：松鼠鳜鱼、得月童鸡、西施玩月、蜜汁火方、枣泥拉糕、苏式船点

“七里长堤列画屏，楼台隐约柳条青。山公入座参差见，水调行歌断续听。隔岸飞花游骑拥，到门沽酒客船停。我来常作山公醉，一卧垆头未肯醒。”这是明代戏曲作家张凤翼笔下的《得月楼》，可见早在400多年前，得月楼就已经蜚声吴中了。

◎醉月飞觞传古今

得月楼创建于明嘉靖年间，坐落于苏州虎丘半塘野芳浜口，据传是盛苹州太守所筑，曾名噪一时。至清乾隆年间，仍有不少文人墨客为其题诗。当年乾隆皇帝下江南时，曾在得月楼用膳，因其菜点味道鲜美适口，遂赐名“天下第一食府”。

1982年，得月楼移址观前街道太监弄，整个建筑粉墙黛瓦、飞檐翘角，凸显出古朴典雅的韵味。得月楼以精致的苏州古典园林风貌再现姑苏餐饮一绝。

2009年12月，得月楼在12家江苏名店中胜出，成为苏菜的代表，与北京全聚德、天津狗不理、杭州知味观等代表中国“八大菜系”，与来自世界各地的美食一起亮相上海世博园。

得月楼夜景

◎ 苏州味道

得月楼以经营经典的苏帮菜享誉中外。得月楼名师荟萃，他们取料广博、制作精细，力求菜点色、香、味、形俱佳。得月楼的菜点四季有别、原汁原味，汤清而不寡，汁蜜而不腻，酥烂脱骨而不失其形，滑嫩爽脆而不失其味。

得月楼最受食客欢迎的名菜名点有松鼠鳜鱼、得月童鸡、西施玩月、蜜汁火方、虫草甫里鸭、碧螺虾仁、枣泥拉糕、苏式船点等。其中既有传统名菜，又有以月为名的新创菜式。同时，得月楼还推出了独具苏州特色的“春之宴”“夏之宴”“秋之宴”“冬之宴”“全蟹宴”“全藕宴”“小吃宴”等，尤其擅长制作明代传下来的“船菜船点”“吴中第一宴”。

◎ 苏式点心

苏式点心以精致小巧、时令有别、造型精致著称，比如一个烧卖要捏出20～22个褶；一个小小的刺猬包，身上要剪出99根刺，而且每根刺都要笔挺逼真。苏州船点历史悠久、选料考究、制作精美，既有观赏之美，又有美食之味，可以说是苏州

得月楼正门

点心中的上品。在《红楼梦》中，刘姥姥二进大观园时所吃的精美点心就是船点。

随着央视《舌尖上的中国》第二季的播放，苏式小方糕、枣泥拉糕、糯米三角包、苏式船点、蟹黄烧卖等一道道点心唯美登场，看得人垂涎欲滴，这些堪与艺术品媲美的手工点心，都出自得月楼的白案大师之手。

时至今日，这种别具一格的糕点早已不是单纯的食物了，而是更高层次的审美象征。

得月楼的蜜汁火方

04

天津登瀛楼

企业名称：天津市登瀛楼饭庄有限公司

注册商标：登瀛楼

创 始 人：苏振芝

创建年代：1913年

特色美食：煎烤大虾、糟熘鱼片、九转大肠、烩肚丝烂蒜、津门三味虾、登瀛楼煎饺、煎饼馃子

天津的登瀛楼饭庄是中华老字号企业，至今已经有100多年的历史。登瀛楼饭庄以经营津鲁大菜、风味炒菜及各种面点小吃而著称。

◎ “登瀛”的内涵

1913年，山东人苏振芝在天津繁华的南市建物街创建了一家饭庄，取名“登瀛楼”。“登瀛”二字取自《史记·秦始皇本纪》：“海中有三神山，名曰蓬莱、方丈、瀛洲，仙人居之。”另外，唐太宗李世民曾开设文学馆，时称入馆如“登瀛洲”，比喻士人得到荣宠，如登仙界。苏振芝取“登瀛”二字既隐喻自己的家乡——山东，又使店名极富文化内涵。

◎ 招牌菜——九转大肠

九转大肠是鲁菜的经典菜品之一，也是登瀛楼的招牌菜。

制作九转大肠的工序非常讲究，先要将洗净的大肠去油，然后使用肠套肠的方法，将大肠段一层一层地套叠起来，套至9层，长17厘米左右方可进行烹制。烹制时使用9种调料，同时要提锅转动9次，使锅内的汤汁全都渗入肠内，也正因为如此，才得名“九转大肠”。

做好的九转大肠呈诱人的枣红色，鲜嫩多汁，兼有酸、甜、苦、辣、咸5种味道。把泛着红亮油光的九转大肠趁热夹入荷叶饼中，咬一口，肥糯而不油腻，香气四溢，令人回味无穷。

◎ 登瀛楼煎饺

如今的登瀛楼饭庄共有4层，建筑面积3300多平方米，室内装饰古朴庄重，既有民族特色，又兼具欧式风格，可同时接纳800多人就餐。

登瀛楼不仅经营传统的鲁菜，其精心制作的面点也令人叫绝，其中不得不提的就是其创新面点——登瀛楼煎饺。

登瀛楼煎饺借鉴了天津传统小吃锅贴的制作方法，并在锅贴的基础上进行了大胆的创新，不再一个一个简单地码放煎饺。登瀛楼的厨师们把煎饺排列成特殊的形状，并在煎制过程中保持这种形状，最后出锅时形成各种各样别致的形状。例如，通过套用模具，可以把整盘煎饺做成漂亮的蝴蝶形状。

登瀛楼煎饺不仅外形漂亮，味道也非常独特。登瀛楼的煎饺主要有肉三鲜和素三鲜两种口味，其中肉三鲜为猪肉搭配虾仁和海参，素三鲜则是西葫芦搭配海参和鸡蛋。无论哪种口味的煎饺，都有着丰富的营养和口感，特别是煎饺底部那层金黄色的嘎渣儿，焦香酥脆，令人欲罢不能。

1 | 2　1. 登瀛楼九转大肠
2. 登瀛楼煎饺

05

湖南长沙火宫殿

企业名称：长沙饮食集团长沙火宫殿有限公司
注册商标：火宫殿
创 始 人：不详
创建年代：明万历五年（1577年）
特色美食：臭豆腐、龙脂猪血、红烧猪脚、肉丝馓子、姊妹团子、鳞皮豆腐、糖油粑粑

湖南长沙火宫殿是一家驰名中外的中华老字号，在这里，各种正宗又美味的湖南小吃可谓应有尽有。同时，火宫殿也是长沙市的知名旅游景点，集传统民俗文化、火庙文化、饮食文化于一体。

◎ 从庙宇到小吃街

火宫殿初名火官殿，又名乾元宫，本是一座祭祀火神的庙宇，位于长沙市坡子街，至今已有400多年的历史。清道光六年（1826年），火宫殿重建。1938年，殿宇在一场大火中焚毁殆尽，1941年再度重建。

数百年来，人们在这里祭火神、办庙会、唱庙戏，引来无数人经营小吃。渐渐地，这里的风味小吃品种越来越丰富，因种类繁多、口味正宗而享誉三湘。

新中国成立后，这里的饮食业更加繁荣。火宫殿有限公司在各级政府的支持下，对火宫殿进行扩建，并保存了“一宫（火宫殿）、二庙（火神庙、财神庙）、二阁（普慈阁、弥陀阁）”的建筑格局。

火宫殿匾额

◎ 进门火宫殿，出门钱圆工

火宫殿的湘味小吃琳琅满目、各具风味。民间有“进门火宫殿，出门钱圆工”之说，“钱圆工”是“乾元宫”的谐音，意思是进了火宫殿，为了大饱口福，情愿花光口袋里所有的钱。

火宫殿著名的小吃有“八大小吃十二名肴”：姜家的臭豆腐、姜氏女的姊妹团子、周福生的荷兰粉、胡桂英的龙脂猪血、邓春秀的红烧猪脚等，其中以臭豆腐声誉最高。

据说在清同治年间，长沙府湘阴县城有一家姜姓豆腐店，因一缸酱腌豆腐干久置而偶创油炸臭豆腐。臭豆腐具有鲜、香、辣和外焦里嫩的特点，令人回味无穷。清光绪时，姜家把臭豆腐搬到长沙火宫殿经营，立刻名声大噪、闻名全城。

◎ 小吃食，大文化

火宫殿以“火庙文化”为底蕴，数百年来香火旺盛。这里已不单单是三湘的美食厨房，更是湘人的精神殿堂。

火宫殿因其独特的建筑风格和美食文化而声名远播、享誉海内外，是长沙乃至湖南的一张美食名片，历代慕名而来的名人不胜枚举。清代书法家何绍基曾为火宫殿戏台撰写楹联：“象以虚成，有几多幻影浮烟，好向虚中求实；味于苦出，看千古忠臣孝子，都从苦里回甘。”

1/2

1. 火宫殿夜景

2. 长沙臭豆腐

06

上海杏花楼

企业名称：杏花楼食品餐饮股份有限公司
注册商标：杏花楼
创 始 人：胜仔
创建年代：清咸丰元年（1851年）
特色美食：葱油鸡、咕咾肉、西施虾仁、金钱鸡、叉烧包、马拉糕、杏仁酥、红绫酥

杏花楼是一家闻名中外的广东风味特色菜馆，主要以正式菜点、小食、腊味为主，其葱油鸡、咕咾肉、西施虾仁、烟鲳鱼等菜肴深受食客喜爱。章太炎先生曾用“蜜汁能消公路渴，河鱼为解臣君愁”赞叹杏花楼的菜肴可口。

◎ 朱汝珍题写的匾额

步入翻建一新的杏花楼，除了考究的装潢、现代的设施，尤为引人注目的是悬挂在底层大堂中央，用红木镶制、镏金的匾额“杏花楼”。匾额上还有时间“庚午孟冬”，落款处有“朱汝珍印”和“甲辰榜眼”二枚印章。

杏花楼原名探花楼，由广东人胜仔创建于清咸丰元年（1851年）。由于生意兴隆，后来的店主决定在原址翻建酒楼。翻建后，店主觉得还应该给酒楼起个雅号。店主的好友苏宝华先生建议以唐代诗人杜牧的诗句“牧童遥指杏花村”为据，取名“杏花楼”。店主觉得这个名字不仅文雅，而且容易记住，就将店名改为“杏花楼”，并再三恳求清朝末科榜眼朱汝珍为店题写匾额。

上海杏花楼大门

这块招牌是朱汝珍留存下来的为数不多的墨迹中的一块，也是他唯一书写的店招。时至今日，这块长2米、高80厘米的红木匾额历经风雨，仍保存完好。

上海杏花楼的老菜单

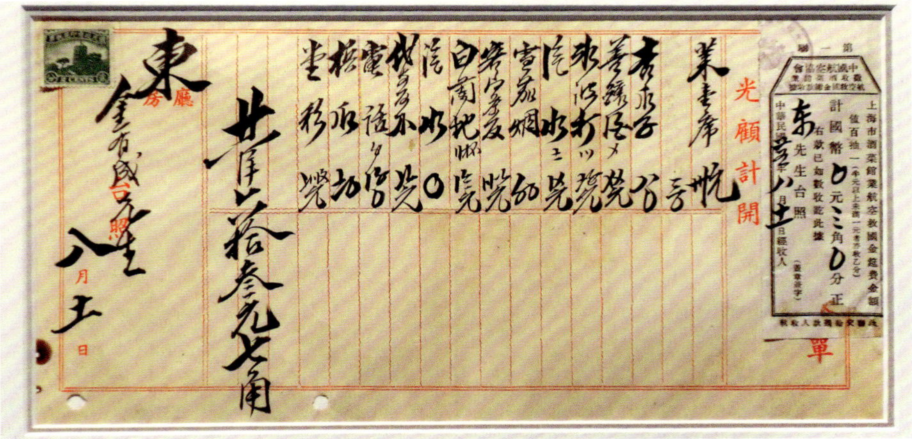

◎ 群贤毕至

杏花楼的菜肴选料考究、制作精细、味道鲜美，具有浓郁的广东风味，深受往来食客的好评。

1932—1937年，时任上海市市长的吴铁城是广东人，他就偏爱杏花楼的粤菜。吴铁城只要请客设宴，必定选在杏花楼。当时，吴铁城宴请的都是政界要人、社会名流。此外，还有很多港澳台同胞及海外侨胞专程来杏花楼吃饭。上海市前市长汪道涵来店就餐后赞不绝口，并留下了“群贤毕至”的墨宝。

◎ 杏花楼月饼

在上海人看来，杏花楼就像一个值得信赖的老朋友，杏花楼的月饼是上海人中秋时节必吃的点心。

杏花楼月饼用料讲究，豆沙选用的是海门的特级大红袍赤豆；莲蓉采用湖南的通心湘莲；椰蓉必选海南的特级椰丝；五仁中的榄仁来自广东西山，杏仁产自新疆北山，核桃则使用云南的铁核桃。杏花楼月饼外形美观，色泽金黄，油水充足，皮薄馅大，松酥可口。月饼的种类繁多，有莲蓉、椰蓉、香肠、百果、豆蓉、麻蓉、豆沙等各种口味，还有嫦娥奔月、凤凰贡月、双龙盘月、三潭印月等各种花色。

上海杏花楼的咕咾肉

07 河南洛阳真不同

企业名称：洛阳市真不同饭店有限责任公司

注册商标：真不同

创 始 人：于庭选、于保和

创建年代：清光绪二十一年（1895年）

特色美食：牡丹燕菜、洛阳肉片、西辣鱼片、秘制八宝饭

真不同饭店始创于清光绪二十一年（1895年），至今已有100多年的历史，主营正宗的洛阳水席，是洛阳市的“美食名片”。其前身是“于记饭铺”“新盛长”，创始人为于庭选、于保和。

◎ 不进真不同，未到洛阳城

民间有“不进真不同，未到洛阳城”之说。

洛阳水席与龙门石窟、洛阳牡丹并称为“洛阳三绝”。真不同饭店将过去单一的洛阳水席恢复为洛阳水席、宫廷水席、武皇水席、盛唐国宴、九鼎八簋天子宴五大板块，使其达到盛唐时期的风貌。此外，真不同饭店还可在宴席中提供鸣锣开道、宣旨礼仪、唐式宫廷服务，带给消费者穿越时空的体验。

◎洛阳水席

洛阳水席始于唐代，至今已有1000多年的历史，是中国迄今保留下来最古老、最有特色、最完整的一套宴席。其特点是有荤有素、选料广泛、烹制讲究、可简可繁、味道多样。

洛阳水席分为前八品、四镇桌、八中件、四扫尾，共24道菜，最后一道“圆满如意汤”代表全席圆满结束。

之所以称为“水席”，主要有两层含义：其一是全部热菜皆有汤；其二是上菜时像流水一样不断更新，每吃完一道热菜，紧接着便会上下一道热菜。

洛阳水席不仅出现在盛大宴会中，也广泛存在于民间婚丧嫁娶、诞辰寿日、年节喜庆等礼仪场合。

◎牡丹燕菜

牡丹燕菜也叫洛阳燕菜，是洛阳水席中最具代表性的一道菜，也是真不同饭店的看家菜，其主料有白萝卜、海参、鱿鱼、鸡肉。

关于这道菜名字的由来，有这么一个传说。据说在武周年间，武则天为了视察龙门大佛的凿刻情况，驾临洛阳仙居宫。当时恰好城东关下园村长出一棵奇特的大白萝卜，这棵白萝卜长约1米、重一二十千克，百姓将其视为“祥瑞”，敬献进宫。御厨们经过反复琢磨，将白萝卜配以山珍海味烹制成一道鲜美的汤菜。武则天品尝之后龙颜大悦，赞其清醇爽口，酷似燕窝丝，当即赐名为“赛燕窝”。因这道菜起源于洛阳，所以也叫洛阳燕菜。

1973年，周恩来总理陪同加拿大总理老特鲁多到洛阳访问，其间曾品尝过几道洛阳水席中的菜品。当地大厨为了突出洛阳的特色，在洛阳燕菜里加上了用蛋黄蒸糕精心雕琢的牡丹花，周总理看到后风趣地说：“洛阳牡丹怎么飞到桌子上来了？”待服务员介绍了菜品后，周总理笑着说：“‘洛阳牡丹甲天下’，菜中也能生出牡丹花。应该叫‘牡丹燕菜’。”从此，洛阳燕菜又被称为“牡丹燕菜”。

1
2 | 3

1. 牡丹燕菜
2. 真不同饭店门面
3. 洛阳燕菜的传说

08

江苏扬州富春茶社

企业名称：扬州富春饮服集团有限公司富春茶社

注册商标：富春

创 始 人：陈霭亭

创建年代：清光绪十一年（1885年）

特色美食：三丁包、千层油糕、翡翠烧卖、大煮干丝、春笋烧鲴鱼、清炖蟹粉狮子头

扬州富春茶社是淮扬菜点的代表，始创于清光绪十一年（1885年），是扬州“四春”（富春茶社、共和春、冶春茶社、锦春茶楼）之首。富春茶社是扬州早茶文化的传承者与创新者，在这里，花、茶、点、菜相得益彰，环境闲静雅适，具有浓郁的扬州风韵。

◎ 从花局到茶社

富春茶社最初只是一家花局，由扬州人陈霭亭于清光绪十一年（1885年）在老城区得胜桥一带创立，主要栽培四季花卉，供应各式盆景。陈霭亭去世后，他的儿子陈步云继承家业继续经营。后来，陈步云开始尝试在花局里开办茶馆，并继续保留花局的名号。后来茶馆生意越做越红火，才将其改名为“藏春坞茶社”，后又更名为“借园俱乐部”，最后定名为“富春茶社”。

茶社开张以后，当地的盐商士绅、文人名流经常来此赏花、品茗、对弈、吟诗，好不热闹。后来，茶社为了满足客人的需要，增加了菜品、点心的供应，逐步

富春茶社匾额

发展成了花、茶、点、菜相结合的经营格局。

◎传承经典扬州味

“早上皮包水（吃早茶），晚上水包皮（泡澡）”是对扬州人生活的真实写照。

扬州人有吃早茶的习惯，富春茶社每天都为食客们精心准备各种精致美味的茶点。客人一入座，店家必会奉上一杯自制的“魁龙珠”茶。食客一边吃着美味的点心，一边品味香茗，那种惬意与满足自是不言而喻。

“魁龙珠”是富春茶社自行窨制的一种茶品，用浙江的龙井、安徽的魁针，加上富春自家花园种植的珠兰窨制而成。这种茶取龙井之味、魁针之色、珠兰之香，以扬子江水泡沏，融苏、浙、皖三省名茶于一壶，茶水清澈，气味芳香，入口柔和，解渴去腻，令人神清气爽。

富春茶社的菜肴以清淡味雅、与面点配合见长。大煮干丝、水晶肴蹄、春笋烧鲴鱼、清炖蟹粉狮子头等菜品深受食客的喜欢，鸡汤面、各式煨面、炒面则是点单率非常高的主食。

◎富春点心

富春茶社供应各种酥点、蒸饺、时令小吃和粉点，品种繁多，风味独特，且每年都有新品推出。其中，比较具有代表性的是被誉为“扬州双绝”的千层油糕和翡翠烧卖。

此外，富春茶社的包子也享有盛誉。其形如荸荠，皱褶较多；馅料讲究，味美多变；在品种上四季有别，应时上市，满足了人们在各个季节的口味。在各种口味的包子中，富春茶社的三丁包尤其受到食客的追捧。三丁包的馅料是由鸡肉丁、猪肉丁和笋丁秘制而成的，口感丰富，入口绵香，民间有“到扬州必到富春，到富春必点三丁”之说。

1/2

1. 清炖蟹粉狮子头

2. 富春包子

浙江杭州楼外楼

企业名称：杭州楼外楼实业有限公司
注册商标：楼外楼
创 始 人：洪瑞堂
创建年代：清道光二十八年（1848年）
特色美食：西湖醋鱼、宋嫂鱼羹、龙井虾仁、叫花童鸡、怪味脆皮鱼、西湖莼菜汤

杭州楼外楼是一家以“佳肴与美景共餐”而驰名中外的餐馆，它坐落在秀丽的西子湖畔、孤山脚下，与迷人的西湖风景相伴。

◎ “山外青山楼外楼”

清道光年间，绍兴人洪瑞堂与妻子陶氏曾定居在孤山脚下的西泠桥畔，以捕鱼谋生。他们来自鱼米之乡，擅长烹制鲜鱼活虾。起初夫妻二人只是将鱼虾捕捞后烹制出售，因当时此地并无饮食店，他们便在俞楼与西泠印社之间开了一家小菜馆。

关于菜馆名字的来历有两种说法。

第一种是说店主从南宋诗人林升《题临安邸》的诗句“山外青山楼外楼”中得到灵感，取名“楼外楼”。

第二种则与清代著名学者俞樾先生有关。因菜馆刚好位于俞楼前侧，于是洪瑞堂就到俞楼请俞先生为其命名。俞先生略作沉思后便说：“既然你的菜馆在我俞楼外侧，那就借用南宋林升‘山外青山楼外楼’的名句，叫作‘楼外楼’吧！”

1. 楼外楼正门
2. 西湖醋鱼
3. 龙井虾仁

◎ 以菜名楼，以文兴楼

楼外楼就像一颗明珠镶嵌在山光水色之中，熠熠生辉，真可谓“一楼风月当酣饮，十里湖山豁醉眸”。

楼外楼的菜肴不仅注重色、香、味、形、质，而且品种多样，除西湖醋鱼、宋嫂鱼羹、龙井虾仁、叫花童鸡、东坡焖肉等传统名菜，还有众多风味特色菜。近几年，楼外楼又研制出200多种创新菜，如甲鱼煨乳鸽、鲍鱼扣肥鸭等。在有关专家的指导下，楼外楼还开发了“乾隆宴”，重现古代宴肴的风采。

“以菜名楼，以文兴楼”的楼外楼，先后迎来了不计其数的历史名人，孙中山、鲁迅、郁达夫、竺可桢、马寅初、丰子恺、潘天寿、赵朴初等都光临过楼外楼，被传为佳话。

10

广东广州陶陶居

企业名称：广州陶陶居饮食有限公司
注册商标：陶陶居
创 始 人：黄澄波
创建年代：清光绪年间（1875—1908年）
特色美食：陶陶居上月、龙凤礼饼、麻皮乳猪、奶黄包、猪脑鱼羹、五彩鲜虾仁

陶陶居是广州饮食业中的老字号之一，创办于清光绪年间，主营茶点、月饼、菜肴。陶陶居不仅提供优质的茶点、菜点，还具有浓厚的文化、艺术氛围，曾一度是文人雅士、名人商贾的聚集之地。

◎ 且陶陶，乐尽天真

陶陶居起初只是一个经营苏式清茶细点的茶室，名为“葡萄居”。第一任老板黄澄波去世后，茶室曾一度停业。1927年，葡萄居被茶楼大王谭杰接手，他在原址的基础上进行大规模翻建，并将茶室更名为“陶陶居”，寓意来此品茗“乐也陶陶”。

重新开业的陶陶居茶楼红墙绿瓦、雕梁画栋，极富岭南建筑风格；店内陈设雅致，古色古香；室内墙壁及屏风上装点的都是名人字画、诗词对联，颇有文化氛围。鲁迅、巴金、陈残云、刘海粟等都曾来此品茶会友。

◎山泉水烹香茗

中国茶文化源远流长，历来对泡茶的水十分讲究，“茶圣”陆羽在《茶经》中也提到“水土上，江水中，井水下”，这里的“水土”指山泉水，而陶陶居煮茶用的就是广州白云山九龙泉的山泉水。

陶陶居初开张时，每天都雇10多名小和尚专门去白云山九龙泉挑水烹茶。这些小和尚每天凌晨就挑着水桶出发，走固定的路线，在同样的地方歇脚。他们的水桶有盖，盖上有锁，上面贴着九龙泉的水砂纸条，担子上还插着陶陶居的小旗，特别引人注目。这一取水队伍渐渐地就成了当地一景，也成了陶陶居的形象宣传。

陶陶居门店

1
2

1. 鲍汁鸭掌
2. 奶黄包

◎ 月饼泰斗

陶陶居被誉为“月饼泰斗”，其制作的广式月饼包装精美、品质优良，其中最著名的是“陶陶居上月”月饼，曾获“金鼎奖”及“中国名牌月饼”称号。

“陶陶居上月”月饼是陶陶居于清末民初聘请名厨创制的，馅料有蛋黄、火腿、烧鸭、上肉、钩虾、花生仁、冬菇、莲子等二十几种，咸甜适中，皮薄软糯。

据说，起初“陶陶居上月”月饼无人问津，茶楼主人便想了一个办法，将一块巨型月饼装在一个玻璃盒里，写上“陶陶居上月，售卖一百大洋”，并将其挂在店堂门梁上。很多路人前来围观，但无人购买。后来，有个自称“陈秀才”的人拿着一张百元银票，要买下这块精装月饼。掌柜问他因何要买，陈秀才说：“陶陶居乃大号，又有康圣人（有为）题匾，这个月饼里一定有文章。”于是他当众打开包装，切开月饼，只见月饼中藏有金银手镯各一对、珍珠八粒、翠玉两块，可谓金银珠宝满堂彩。众人无不惊愕，就这样一传十、十传百，大家纷纷过来争相购买月饼，“陶陶居上月”从此声名远扬。

第二章

美味小吃

那些满足了人们味蕾、留给舌尖绵长回味的特色小吃，经过岁月的洗礼，已慢慢沉淀为享誉四海的中华老字号。

11

北京月盛斋

企业名称： 北京月盛斋清真食品有限公司

注册商标： 月盛斋

创 始 人： 马庆瑞

创建年代： 清乾隆四十年（1775年）

特色美食： 五香酱牛肉、酱羊肉、烧牛肉、烧羊肉、五香酱鸡、白水羊蹄、牛肉肠、鸡肉肠

月盛斋始创于清乾隆四十年（1775年），是一位名叫马庆瑞的回族人创办的，至今已经有240多年的历史。

◎ 月月兴盛的月盛斋

清乾隆年间，马庆瑞曾在礼部衙门当过差，负责看管供桌。每逢礼部举办祭祀活动，他都能得到一些祭品作为赏赐。有一次，马庆瑞得到了一只全羊的赏赐。他留下一部分自家吃，其余的便用担子挑到街上去卖，没想到很快就卖完了。此后，他便经常从差役们手中低价购买祭祀用过的羊，然后拿到街上去卖，慢慢也就经营起羊肉买卖来。

马庆瑞看管供桌时常常去御膳房帮忙，曾经跟御膳房一位专做羊肉的厨师偷学过一些手艺，后来便试着做起了酱羊肉，并在前门外的荷包巷摆了一个熟食摊。在这里出入的官民中有不少人都知道他曾在御膳房帮过忙，大家都想尝尝御膳房的手艺，而马庆瑞做的酱羊肉味道也确实不错，因此他的生意越做越红火。

月盛斋门店

清乾隆四十年（1775年），马庆瑞想扩大经营，于是在户部街租了3间房子，从荷包巷迁到此处。店铺开张时，他经过反复思考，将店名定为“月盛斋”，取“月月兴盛”之意。

◎ 独门加工技艺

“煨羊肥嫩数京中，酱用清汤色煮红。日午烧来焦且烂，喜无膻味腻喉咙。”这是道光年间的诗人杨静亭盛赞月盛斋的烧羊肉的诗句，由此可见其技艺精湛。

月盛斋的烧牛羊肉制作技艺世称“三俱”，即选料肥瘦俱备、配方色味俱佳、制作酱烧俱全，相传是在宫廷技艺和民间传统技艺融合的基础上，借鉴中医“药食同源”的养生理论形成的。月盛斋将烹饪技艺与食疗、食养相结合，将牛羊肉的滋补功能与香料具有的药用价值融为一体，使食品兼具肉香、酱香、药香、油香，形成了具有鲜明民族特色的饮食文化。

◎ 夏令烧羊肉

月盛斋有一道别具特色的美味——夏令烧羊肉。这道菜的来历还与当时的御医有着密不可分的关系。据传，当时的月盛斋掌柜常在歇夏期间邀请太医们到后院品茶纳凉，他们讨论最多的话题就是如何改进制肉配方。月盛斋的秘方正是在这样的讨论中不断得到丰富、改进和完善。纳凉时，月盛斋掌柜通常会拿出特制的烧羊肉，再搭配清茶佳酿，小院里茶香四溢、肉味诱人，好不惬意！这无意中便促成了夏令烧羊肉这道经典美味的诞生。

1 | 2

1. 白水羊蹄

2. 酱牛肉

12

北京天福号

企业名称：北京天福号食品有限公司

注册商标：天福号

创 始 人：刘凤翔

创建年代：清乾隆三年（1738年）

特色美食：酱肘子、五香小肚、茶肠、酱猪肝、酱牛肉

天福号创立于清乾隆三年（1738年），其招牌产品是酱肘子，具有酱紫油亮、肥而不腻、瘦而不柴、浓香醇厚的特点。2008年，天福号酱肘子的制作技艺被纳入国家级非物质文化遗产保护名录。

◎ 上天赐福

清乾隆三年（1738年），山东掖县（今山东莱州）人刘凤翔带着孙子来京谋生。他在西单牌楼拐角处开了一家“刘记酱肉铺”，主要经营酱肘子、酱肉和酱肚等熟食，但由于店铺狭小，生意不太好。一天，刘凤翔在旧货摊上发现一块旧匾，上书“天福号”3个字。此匾为颜体楷书，笔力苍劲。刘凤翔认为这块匾有“上天赐福”之意，于是便将其买了下来，当作小店的招牌。此后，常常有一些文人墨客来店前品评“天福号”这3个字的书法，小店生意也日渐兴隆起来。

天福号的熟食通常都是夜间制作，白天出售。有一次，刘凤翔的家人在夜间守灶时不小心睡着了，将肘子煮得有些过了。眼看就天亮了，也来不及重新煮。恰

北京天福号门店

巧那日清晨的第一个顾客是刑部的一位大臣。他是店铺的老主顾，买酱肘子是为了招待几位同僚。没想到在这位大臣的家宴上，大家都对软烂入味的酱肘子赞不绝口。第二天，就有好几位大臣派人去天福号买酱肘子。于是刘凤翔在此基础上认真研究，逐渐总结出了一套独特的制作工艺。由于他选料严格考究，酱肘子的质量越来越好，再加上一些大臣的口口传颂，天福号酱肘子的美名很快就传遍了京城。后来，连慈禧太后品尝过酱肘子之后也夸赞其美味，并赐给天福号一块出入皇宫的腰牌，命其每天将酱肘子定量送入宫中。天福号从此名震京城，享有“乾隆酱汁传百年，慈禧腰牌通天下”的美誉。

◎ 天福号酱肘子

在酱肘子的制作上，天福号可谓一丝不苟、精工细作。首先，选料时一律用生长一年半左右的仔猪前腿，每只重三斤半至四斤半，个头大小、肉质肥瘦、肉皮薄厚都要相差不多。其次，在固定的产地订购配制老汤的辅料花椒、桂皮、生姜等，

将酱肘子进献给慈禧太后的雕塑

天福号的酱肘子

保证质量，力求新鲜。最后一点也是最关键的一点：掐汤，这可是天福号的绝活，要求厨师能随时把握好火候收汁。

天福号注重制作过程中的每一个细节，所以才成就了酱紫油亮、肥而不腻、瘦而不柴、浓香醇厚的酱肘子，它也因此在京城独树一帜，经久不衰。

此外，天福号的五香小肚、茶肠、酱猪肝、酱牛肉等产品也因口味独特而深受广大消费者的喜爱。

13

天津狗不理

企业名称：天津狗不理集团有限公司
注册商标：狗不理
创 始 人：高贵友
创建年代：清咸丰年间（1851—1861年）
特色美食：三鲜包、海鲜包、酱肉包、素包子

天津狗不理包子是“天津三绝”之首，也是中华饮食文化的典范之作，先后摘取了“商业部优质产品金鼎奖”“中国最佳名小吃”“国际名小吃”等奖项，被誉为“津门老字号，中华第一包”。

◎ “狗子卖包子，不理人”

狗不理包子的创始人是高贵友，出生于直隶省武清县（现天津市武清区）杨村。其父40岁才得一子，不禁大喜，为其取乳名“狗子”，希望他能像小狗一样好养活。

高贵友14岁时到天津南运河边的刘家蒸食铺做学徒。他心灵手巧，勤学好问，干活麻利。经过师傅们的不断指点，高贵友做包子的手艺越来越好。3年后，高贵友学成出师，便离开了刘家蒸食铺，独自开了一家专营包子的小吃铺——德聚号。高贵友为人忠厚，做包子的手艺又好，且勤奋认真。他制作包子的面、馅选料精细，包子形似菊花、口感柔软、鲜香不腻，色、香、味、形俱佳，因而生意格外好。小店的顾客越来越多，高贵友忙得都顾不上跟客人打招呼，于是大家都戏称他“狗子

卖包子，不理人”。时间一长，人们喊顺了嘴，就把他卖的包子称作“狗不理包子”，“狗不理”自然也就成了他的店铺的代称。

◎“半发面，水打馅”

据说，当年慈禧太后品尝过袁世凯进献的狗不理包子后，大赞其美味：“山中走兽云中雁，陆地牛羊海底鲜，不及狗不理香矣，食之长寿也。”如今，闻名遐迩的狗不理包子已成为天津美食的招牌。2011年，其传统手工制作技艺被列入国家级非物质文化遗产名录。

狗不理包子采用“半发面，水打馅”的制作工艺，选料精良、皮薄馅大、口味醇香、鲜嫩适口、肥而不腻。做好的包子外形美观，个个呈菊花状，且包子褶花匀称，每个都不少于15个褶。

狗不理的匾额

传统的狗不理包子以鲜肉包为主，经过几代厨师的不断创新和改良，目前其经营品类扩大到三鲜包、海鲜包、酱肉包、素包子等6大类98个品种。为了满足不同食客的喜好，技师们增加了鸡、鸭、鱼、海鲜及时令蔬菜、菌类等原料，采用蒸、煮、烤、烙等多种烹调技法，做出了金针包、龙凤包、鸳鸯包、香芹包、什锦包、大虾韭菜包等新品，百包百味，各具特色。

狗不理的雕塑

山东德州扒鸡

企业名称：山东德州扒鸡股份有限公司
注册商标：德州
创 始 人：贾建才
创建年代：清康熙三十一年（1692年）
特色美食：五香脱骨扒鸡

德州扒鸡全称德州五香脱骨扒鸡，是我国的传统特色名吃、鲁菜经典，为“德州三宝”（扒鸡、西瓜、金丝枣）之一，被誉为“天下第一鸡”。早在清朝乾隆年间，美味的德州扒鸡就被作为山东贡品进献宫中，如今它更是闻名全国、远销海外。

◎一次失误成就五香脱骨扒鸡

元末明初，随着漕运的兴盛，德州成为京都通达九省的枢纽，出现了“南来北往客如云，饭馆客栈多如林”的繁荣景象。在码头、驿站和城内官衙附近，经常有人挎着篮子叫卖烧鸡。这种烧鸡被挽成侧卧形态，色红味香，香嫩可口，这便是德州扒鸡的雏形。

清康熙三十一年（1692年），贾建才在德州城西门外大街经营起一个烧鸡铺。有一天，他在外出前叮嘱店伙计压好火，可这个小伙计在锅灶前睡着了，一觉醒来发现烧鸡已经煮过火了。等贾掌柜回来把这锅烧鸡捞出来，没想到却香气扑鼻，

德州扒鸡专卖店

吸引了很多路过的人前来围观购买。食客们品尝完这煮过火的烧鸡后，纷纷称赞其味道穿香透骨。贾掌柜根据这次的经验潜心研究，最终研制出了用大火煮、小火焖的方法做烧鸡。这种方法也叫“扒”，“扒鸡”之名正是起源于这一烹饪手法。

后来，贾家的新式烧鸡卖得越来越好，贾掌柜便请临街的马秀才给这种鸡起个名字。马秀才尝了尝鸡肉，顺口吟出“热中一抖骨肉分，异香扑鼻竟袭人；惹得老夫伸五指，入口齿馨长留津”的诗句，继而说道：“好一个五香脱骨扒鸡呀！”不久，贾掌柜把这五香脱骨扒鸡拿到元宵灯会上去卖，大受欢迎。自此之后，五香脱骨扒鸡便在德州名声大振。

德州扒鸡

◎ 烹制工艺及特色

德州扒鸡的制作材料有鸡、砂仁、丁香、玉果、桂条、白芷、肉桂等，其制作技艺为国家非物质文化遗产，制作过程中的火候讲究先武后文、武文有序。

“扒”是我国烹调的主要技法之一，制作过程较为复杂。制作扒鸡时，首先将鸡放在开水中煮，以除去血腥和污物；然后将鸡摆成鸭浮水面的造型，全身涂抹蜂蜜，用素油烹炸上色；最后，把鸡同配好的香辛料包一同浸入盛有老汤的锅中，先用大火将汤煮沸，再改小火焖煮6～8小时，方可出锅。

德州扒鸡具有形色兼优、味透骨髓、黄中透红、肉嫩鲜美、肥而不腻、五香滋补等特色。刚出锅的扒鸡成品完整美观，远看似鸭浮水面、口衔羽翎，造型优美，令人食欲大增。

德州扒鸡的传统工艺——熬老汤

15

山东淄博周村烧饼

企业名称：山东周村烧饼有限公司
注册商标：周村
创 始 人：郭云龙
创建年代：清光绪六年（1880年）
特色美食：周村烧饼、开口笑、牛舌酥、芝麻薄饼、向阳酥、月饼

周村烧饼俗称“呱啦叶子烧饼”，因产于山东淄博周村而得名，是山东省的著名特产之一。周村烧饼具有酥、香、薄、脆四大特点，成品薄如秋叶，形似满月，落地珠散玉碎，入口回味无穷。

◎流传千年的美味

东汉时期，“芝麻胡饼”自西域随胡人来往中原经商而传入中原大地，并沿着丝绸之路到达周村地区，与当地的民间饮食文化相融合，形成了品种繁多的传统“烧饼”品类。东汉末年，刘熙在《释名》一书中提到：“饼，并也。溲面使合并也。胡饼，作之大漫冱也，亦以胡麻著上也。”溲，就是浸泡、和面的意思；“大漫冱”指形状大而平整；胡麻，即芝麻。因此，从原料上看，胡饼就是覆有芝麻的面饼，与现在的烧饼十分类似。

明朝中叶，为使食品便于保存和携带，周村的饮食师傅将传统的焦饼进一步加工成酥烧饼，这就是现在周村烧饼的雏形。

1 | 2

1. 周村烧饼薄如蝉翼

2. 开口笑

清光绪六年（1880年），山东桓台县人郭云龙来到周村创办“聚合斋”。其间，郭云龙受当地香脆焦饼的启发，经工艺改造后烤制出香、脆、酥、爽的新品——酥烧饼。后来，其长子郭海亭再次改进配方和制作工艺，最终创造出具有浓郁特色，集酥、香、薄、脆于一身的周村大酥烧饼。这些烧饼就像纸片那样薄，入口一嚼即碎，唇齿留香，被称为“呱啦叶子烧饼”并闻名全国，后来还成为宫廷贡品。

1958年，聚合斋的郭姓后人携大酥烧饼的配方和制作技艺加入国营周村食品厂。1961年，“周村”被注册为国家商标。从此以后，周村烧饼成为周村大酥烧饼的官方正式名称。周村烧饼这颗中华饮食文化的明珠，自此更加熠熠生辉，声名远播。

◎酥、香、薄、脆的周村烧饼

周村烧饼是以小麦粉、白砂糖、芝麻为原料，用传统工艺制作而成的，为纯手工制品。其外观呈圆形，色泽微黄，正面沾满芝麻，背面酥孔罗列，兼具酥、香、薄、脆四大特点，老少皆宜。周村烧饼比一般的烧饼薄，如同杨叶一般，倘若拿起一沓轻轻一抖，有唰唰的响声，如同清风吹过杨树林。与其他烧饼相比，周村烧饼更加酥脆，入口一嚼即碎，且越嚼越香，酥香不腻；倘若失手掉落地上，碰地即碎，可见其酥、脆。

16

山西平遥牛肉

企业名称：山西省平遥牛肉集团有限公司

注册商标：冠云

创 始 人：不详

创建年代：不详

特色美食：平遥牛肉、五香牛肉

平遥牛肉是山西省平遥县的特产，明清时已誉满三晋。平遥牛肉色泽红润，肉丝纹络清晰可见，外观十分诱人；吃起来肉质鲜嫩，肥而不腻，瘦而不柴，醇香可口。

◎ 平遥牛肉发展史

从汉朝开始，平遥就形成了畜养黄牛的传统。

北魏始光初年，夏兵进犯平遥，村民纷纷逃难避祸。西郭村有个叫韩林的老汉，因为无法带着牛一起逃走，只好把牛宰杀洗净。为了防止牛肉腐烂，他把牛肉浸泡在盐水缸里。等乱兵退去以后，韩老汉回家查看，发现牛肉居然没有腐败变臭，他赶忙生火支锅卤煮牛肉。韩老汉发现经盐水腌泡后的卤煮牛肉不仅色泽鲜红，肉味醇厚，而且软烂可口。于是，这一“煮前先腌肉”的烹制方法很快在平遥推广开来。

到了明代中期，卤煮工艺中出现了急火煮、慢火炖、煨火闷的煮、炖、闷3种工

平遥牛肉博物馆

艺，平遥牛肉的品质得到大大改善，很快便誉满三晋。随着平遥牛肉的驰名外销，一批批牛肉加工作坊、店铺在平遥出现并发展起来，到清代规模较大的老字号有“隆盛旺”“兴盛雷”“自力成”等。

清光绪年间，平遥牛肉成了皇家贡品，名声大振。

◎营养好品质的平遥牛肉

由于平遥当地特有的土壤、水质、气候、人文等因素，再加上独特的腌、卤、炖、闷制作工艺，平遥卤煮牛肉色泽红润，肉质鲜嫩，肥而不腻，瘦而不柴，醇香可口。特别神奇的是，刚出锅的牛肉，刀不切则味不出；只要用刀一切，浓郁的肉香立刻扑鼻而来，令人垂涎欲滴。

平遥牛肉不仅质量上乘，营养价值也非常高。据权威部门检测，平遥牛肉中钙、铁、锌含量比一般牛肉高很多，维生素含量也比一般牛肉高。

◎ 现代工艺流程

如今，平遥牛肉采用现代加工工艺，从生牛屠宰、生肉切割、腌渍、锅煮等程序到用盐、用水以至加工的节气时令都十分讲究，可概括为相、屠、腌、卤、修五大工艺流程。

相看肉牛时，筛选严格，“非病、非残、非犊之健牛，方选为本”。

宰杀时，讲求静、净、稳。屠宰师需手疾眼快、手起刀落，杀牛剔骨，刀稳筋连。

宰杀后，需按部位切割腌制。肉块切割好后，先用细小针头自动注射盐水，再用机械滚揉，实行全封闭无菌腌制。

卤肉时，用夹层锅自动控制蒸气煮肉，不加锅盖，先用急火沸煮2个小时，再改慢火炖煮8个小时，最后灭火闷2个小时。

卤熟的牛肉还要经过严格的分类整修，去糟粕、留精华、整成形。根据部位、优劣分别定价。

平遥牛肉

17

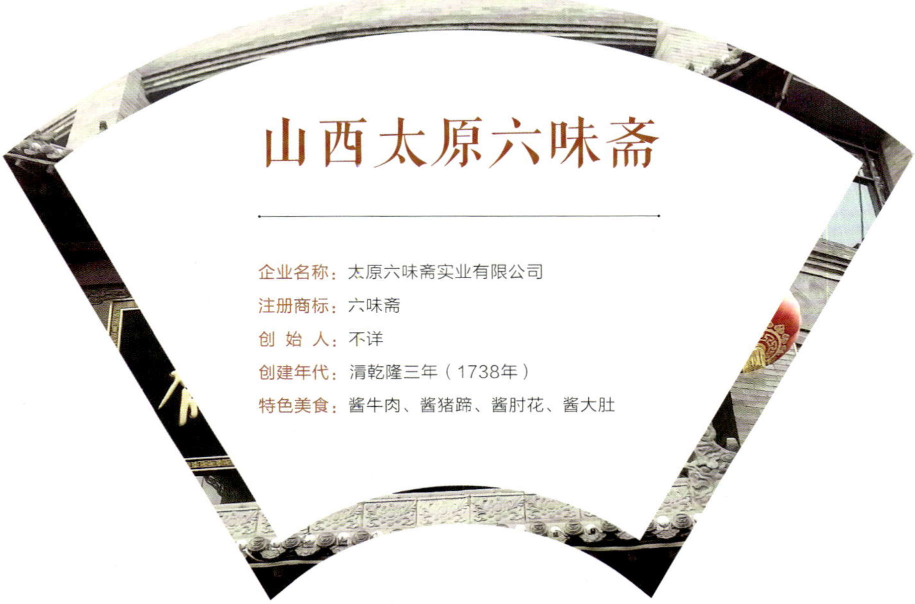

山西太原六味斋

企业名称：太原六味斋实业有限公司
注册商标：六味斋
创 始 人：不详
创建年代：清乾隆三年（1738年）
特色美食：酱牛肉、酱猪蹄、酱肘花、酱大肚

六味斋是国内食品行业现存为数不多的具有200年以上历史的老字号之一。“六味斋”牌系列食品是我国的传统食品，也是三晋名吃，曾作为皇宫贡品享誉京师。

◎ 太原城内六味斋

如今的六味斋虽然在山西太原，但它的历史却可以追溯到清乾隆年间的北京。六味斋创始于清乾隆三年（1738年），最早的名字为“福记六味斋酱肘鸡鸭店”，1938年传至太原，后更名为“六味斋”。

六味斋经过了200多年的风雨变迁，依然保持着其传统工艺和传统风味。太原人对六味斋可谓情有独钟，民间一直流传着“杏花村里老白汾，太原城内六味斋”的说法。

目前，六味斋占地面积4万多平方米，有肉制品、豆制品、速冻食品、主食、杂粮、山西醋六大系列近300个品种，实现了生产、加工、销售一体化。

六味斋牌匾

◎ 饮食里的和谐之美

六味斋酱肉肉皮油亮泛红，鲜香四溢，用刀切开后，内部为粉红色，软烂利口，甘而不齁、咸而不涩、辛而不烈、肥而不腻、瘦而不柴。古人云："天地之美，莫大于和。"六味斋的酱肉产品处处力求和谐，恰恰体现了我国饮食文化里的和谐之美。

正是因其独特的口味和美食文化价值，20世纪80年代初，六味斋酱肉、酱肘花被原商业部评为优质产品，这是全国熟肉制品的最高荣誉。

◎ 刷酱听汤，医食同源

六味斋酱肉之所以如此美味，是因为它至今严格承袭着200多年前的独特生产工艺和加工方法。

为保持传统特色，六味斋选料考究、分割精细，加入多种药材和调味料制作。

六味斋的酱肉制品都要经过卤制、酱制、刷酱3道程序。酱汁是卤制酱肉的老汤经滤渣熬制而成，未放任何添加剂和人工合成制剂。刷酱可以保护肉皮、使外形美观，还可以改善口感，是六味斋独有的工艺。煮制时，要“一闻二看三摸四听”：一是闻肉的气味，二是看肉的色泽，三是摸肉的软硬，四是听汤的浓度。因为在煮制过程中严禁掀锅盖，所以要通过“听汤”来判断汤的浓度。

六味斋的传统配方中包含几十味中药材，再加上用文火慢慢炖煮6个小时以上，因而营养十分丰富，经常食用还有保健养生的功效。经实验室采样分析，六味斋酱肉系列制品饱和脂肪酸降低了30%～50%，胆固醇降低了50%以上，真正做到了医食同源。

1
—
2

1. 丰富的卤料
2. 酱猪蹄

18

辽宁沈阳老边饺子馆

企业名称：沈阳老边饺子馆
注册商标：老边
创 始 人：边福
创建年代：清道光九年（1829年）
特色美食：老边饺子

老边饺子是驰名中外的传统名小吃，历史悠久，始创于清道光九年（1829年），2000年被上海大世界吉尼斯总部认定为世界上历史最长的饺子馆。老边饺子具有皮薄馅大、松散易嚼、鲜美可口、香而不腻的特点，享誉国内外。

◎逃难路上得来的秘方

清道光年间，直隶省任丘县（今河北省任丘市）一带连年灾荒，很多老百姓因此背井离乡。边福一家也迫于无奈，逃往东北。一天晚上，他们来到一户人家敲门借宿，正好这家人给老太太祝寿的寿饺刚出锅，于是主人便让边福一家同享。边福觉得这水饺味道非常好，于是就虚心地向这家人请教。主人说把调好的馅儿用锅煸一下再包，这样做出来的饺子又香又软，而且不油腻。边福将这些记在心中。后来边福一家在沈阳小东门外的小津桥一带安顿下来。清道光九年（1829年），边福开起了饺子馆，经营煸馅儿饺子。边福精心制作的饺子风味独特，大受欢迎。因为他姓边，所以人们都称他的店为“老边饺子馆”。后来，其子边得贵经过一番钻研，

老边饺子馆门面

将单纯的煸炒改为先煸后煨，使馅儿松散易嚼，味道更加鲜美，形成了独具一格的风味。

1940年，老边饺子第三代传人边霖将饺子馆迁到了当时沈阳最热闹的“五方杂地”北市场。从此，老边饺子一炮打响，成了众人皆知的美食。

◎ 制作工艺

老边饺子选料讲究，制作精细，造型别致，鲜香而不腻，在调馅儿和制皮儿方面都有其独到之处。

调馅儿时，需先将肉馅儿煸炒，后用鸡汤或骨汤慢煨，让汤汁浸入馅儿内，使馅料膨胀、松散。然后，根据季节和人们的口味偏好，搭配时令蔬菜制成饺子馅儿。制作饺子皮儿时，在面粉内掺入适量熟猪油并用开水烫拌和制，这样能使饺子皮儿更柔软、更筋道、更透明。

◎ 老边饺子宴

老边饺子除煮外，还可用蒸、烤、煎、炸、烙的方法烹制。老边饺子宴正是汇聚了各种形状和做法的饺子宴席，使人在大饱口福的同时又大开眼界。

满满一桌，有银耳馅儿、发菜馅儿、香菇馅儿、虾仁馅儿、鱼肉馅儿、黄瓜馅儿、红果馅儿……盘盘饺子馅儿不同，风味各异。最令人惊艳的莫过于“御龙锅煮小饺”，蓝色的酒精火焰烘托着古色古香的御龙锅，25个小巧玲珑的饺子在汤中上下翻滚，如龙搅水，香气四溢，美味可口又极具观赏性。此外，还有用全素菜精心烹制的素便宴和用各种山珍、野味做主料的珍妃宴等，都是招待宾朋的上等宴席。

1/2

1. 包饺子
2. 煮饺子

19

浙江嘉兴五芳斋

企业名称：浙江五芳斋实业股份有限公司

注册商标：五芳斋

创 始 人：张锦泉

创建年代：1921年

特色美食：大肉粽、豆沙粽、蛋黄粽、栗子粽、火腿粽、血糯粽、汤圆、八宝饭、月饼

浙江嘉兴五芳斋被誉为“江南粽子大王”。五芳斋在继承民族饮食文化的基础上，对传统工艺进行了现代化改造，现已形成以粽子为主导，集传统糕点、卤味制品、米制品、肉制品、蛋制品、酒、调味品等于一体的系列产品群。

◎ 五芳斋名字的由来

清道光年间，苏州吴县陆墓采莲（今相城区元和街道）人沈氏在齐门外开了一家甜食铺，主营桂花圆子、赤豆糖粥、焐酥豆、莲心羹、冰雪酥、玫瑰糕等甜食小吃。沈氏有5个女儿，分别是玫芳、桂芳、莲芳、荷芳和芝芳，她们的名字源于苏州人爱吃的5种食物：玫瑰、桂花、莲心、薄荷、芝麻。而这5种食物恰好也是沈氏的甜食铺里最常用的原料，因此街坊就开玩笑地称他的店为“五芳斋”。沈老板觉得这个名字听上去挺雅致，于是就将店铺正式定名为“五芳斋”。

◎三店合一

民国初年，以弹棉花为业的浙江兰溪人张锦泉来到嘉兴，他在春夏时节生意清淡之时，就挑担走街串巷地叫卖粽子。他的粽子沿用了兰溪一带的四角交叉立体长方枕头形，加上选料、制作考究，风味独特，很受人们的欢迎。

1921年，张锦泉在嘉兴当时最热闹的张家弄开了家“荣记五芳斋”粽子店，经营火腿鸡肉粽、重油夹沙粽。数年后嘉兴人冯昌年、朱庆堂分别在其对面和隔壁也开设了“合记五芳斋”和“庆记五芳斋”两家粽子店。3位老板都说自己的粽子是老牌正宗，同时在粽子的选料、配方、工艺等方面展开激烈竞争，使粽子技艺日趋成熟，口味不断丰富。嘉兴张家弄“五芳斋”由此声誉鹊起，驰名江南。1956年，三家店合并，统一名称为“嘉兴五芳斋粽子店”，并一直传承至今。

1. 大肉粽
2. 粽子铜雕
3. 月饼

◎ “江南粽子大王”

五芳斋粽子已有近百年的历史，具有“糯而不烂、肥而不腻、肉嫩味香、咸甜适中”的鲜明特色，品质上乘、风味独特、品种多样，因而被誉为“江南粽子大王”。五芳斋坚持采用传统配方和工艺，选料讲究，肉粽采用猪后腿瘦肉，豆沙粽则用上等的大红袍赤豆。

五芳斋粽子有大肉粽、豆沙粽、蛋黄粽、栗子粽、莲蓉粽、蜜枣粽、火腿粽、血糯粽等近百个品种，分为礼品类、家常类、出口类三大系列。此外，五芳斋还开发了汤圆、八宝饭、月饼、咸鸭蛋、卤牛肉、卤鱼、酱鸭等各式点心和卤味制品，也深受人们的欢迎。

20

浙江嘉兴三珍斋

企业名称： 嘉兴三珍斋食品有限公司

注册商标： 三珍斋

创 始 人： 不详

创建年代： 清道光二十八年（1848年）

特色美食： 酱鸡、酱鸭、叫花鸡、烧鸡、八宝鸭、腊鸭、盐水鸡、盐水鸭、醉鸡

嘉兴三珍斋坐落于千年文化名镇——乌镇。三珍斋的产品选料考究、加工技艺精湛，具有色泽美、味鲜嫩、香而不腻的特点，其酱卤肉禽制品和粽子点心类制品更是誉满江南、闻名遐迩。

◎ 源自千年古镇的美味

清道光年间，在繁华的乌镇商业街的应家桥堍，有一家酱鸡店叫“三珍斋”，专门加工和销售江、浙、沪一带特有的传统酱卤肉禽制品。据《乌程县志》等记载，早在清初，乌镇的五香酱鸡就以“骨亦有味”闻名。据说，三珍斋酱禽之鲜美全在于汤。在民间传说中，三珍斋老板家财万贯，但在分家时，他的几个儿子不争家财，偏偏都想要那一锅汤。传说的真假虽已不可考，但这足以说明三珍斋的酱卤肉禽制品在当时已十分知名。

在20世纪二三十年代，三珍斋酱鸡店就已形成一定的生产规模，有酱鸡、酱鸭、叫花鸡、烧鸡、八宝鸭、腊鸭、盐水鸡、盐水鸭、醉鸡等10多个品种常年应市

三珍斋门面

销售，是当地的一大特产。三珍斋的酱卤肉禽制品不但风味独特、肉嫩味美、卤汁馨香，而且具有“六月不馊、腊月不冻”的特点，保质期较长，深受大家的喜爱，是节日馈赠亲友的上佳之选。

◎严格的工艺打造好口碑

乌镇人文荟萃，饮食文化源远流长。三珍斋在秉承乌镇1000多年饮食文化传统和前人经验的基础上，博采众长，又历经多年的摸索和创新，逐步形成了独特的加工工艺。

为了保证酱卤肉禽制品的传统风味和优良品质，三珍斋在加工时采用传统和现代相结合的工艺。这样既保证了传统技艺的充分发挥，又体现了现代技术对质量的严格控制。一直以来，三珍斋坚持精益求精，采用按配方定量加料的精细操作法，有27道严格的制作工艺流程，每一个流程都尽力做到最好。

例如烩制这道工序，须将复煮后的禽体再加入上等酱油、白糖、黄酒或白酒和味精等作料浸烧，待部分收汁后起锅，同时上色，才算完成。此外，还要根据禽只的老嫩、大小，灵活把握火候和烩制时间。

三珍斋烧制的各色食品，在色泽、外形、口感、气味上都具有鲜明的特征，可谓色、香、味俱全，其酱卤肉禽制品、八宝鸭与八宝全鸡产品、烧鸡与叫花鸡产品等特色主打产品，在顾客中更是有口皆碑，享誉大江南北。

1/2

1. 叫花鸡
2. 盐水鸭

广东广州皇上皇

企业名称：广州皇上皇集团股份有限公司

注册商标：皇上皇、香肠先生、金冠、金风

创 始 人：谢昌

创建年代：1940年

特色美食：广式腊肠、腊肉、腊味煲仔饭

广州皇上皇生产的皇上皇腊味是广州腊味界的传奇，也是广州的著名特产。皇上皇具有良好的口碑与独特的风味，是优质食品的象征和标志。

◎ 皇上皇的来历

20世纪30年代末，广州有一个叫谢昌的年轻人为了生计，经营一些腊味咸鱼、茶叶、沙榄等小本生意。他有个兄弟叫谢柏，经营着一家名为“八佰载太上皇”的腊味店，生意火爆。于是谢昌便经常到这个腊味店，在门外观察、学习，渐渐熟悉了其制作方法。后来，他潜心研究、反复调试腌制腊味的配方，并将亲手制作的腊味分给左邻右舍品评，渐渐地，他的腊味越做越好。

1940年，谢昌在海珠南路八佰载太上皇的隔壁租了一间铺面，起名为“东昌腊味店”，借势经营。他头脑灵活，店里秋冬卖腊味，夏天卖冷饮，他还把制作腊味废弃的下脚料制作成肥皂出售，所以铺面四季都顾客盈门。

1943年，为了超越八佰载太上皇，谢昌将腊味店更名为“东昌皇上皇腊味

皇上皇门面

店”，并不断完善腊味的制作工艺，提高产品档次，投入大量广告造势宣传。当地的海珠大戏院是达官贵人常出入的场所，谢昌就重金捐赠一幅绣了“东昌皇上皇腊味店”的前幕给戏院。同时，他还经常在电台做腊肠、肥皂的广告。很快，皇上皇腊味便声名鹊起，其规模不断扩大，逐渐成为广州腊味行业中的翘楚。

◎ 广式腊味

“秋风起，食腊味”是广东饮食中的一大特色。广式腊味是用酒、酱油、糖等调成的汁，把肉浸两三天后，再挂起来晒干或烘干而成的，不需要烟熏，所以其质地红润，口味偏甜，尤以金黄色、油灿灿的品相为佳。皇上皇生产的腊味产品色泽鲜明、美味可口、衣脆肉嫩、质量上乘，具有独特的广式风味，老少咸宜。

煲仔饭则是把广式腊味的风韵展示得最淋漓尽致的做法，它将腊味与米香融合得天衣无缝。浮于米饭表面的少许水分可以滋润较为干硬的腊味，而腊味的油脂、肉汁与香浓味道也可以很好地渗入米饭内，增加米饭的香气。揭开煲盖，阵阵米香、肉香扑面而来，这绝对是最适合冬天的美味佳肴。

腊肠

腊味煲仔饭

22

四川成都钟水饺

企业名称：四川省成都市饮食公司（钟水饺店）
注册商标：钟
创 始 人：钟燮森
创建年代：清光绪十九年（1893年）
特色美食：红油水饺、清汤水饺

钟水饺是四川水饺的杰出代表，始创于清光绪年间，因开业之初店址在荔枝巷且调味重红油，故又称“荔枝巷红油水饺”。

◎传承百年成都味

相传钟水饺创制于清光绪十九年（1893年），具有皮薄、馅嫩、料精、味鲜的特点，很受大家欢迎。

钟水饺的创始人是钟燮森，钟燮森的嫡孙钟幸生自幼即跟随爷爷制作钟水饺，一生精研并继承了爷爷精湛的技艺。这种心口相传的方式延续了家的味道，呈现了传统小吃的地道成都风味，让人们充分品味出传统美食的独特魅力！

钟水饺店里最著名的是红油水饺和清汤水饺。红油水饺味微辣、鲜香、咸中带甜；清汤水饺味道鲜美，淡而不薄，入口细腻，为面食中之佳品。

钟水饺20世纪20年代即闻名成都，成为成都著名的地方名小吃，后来更是获得“中华老字号”“中华名小吃”等称号。

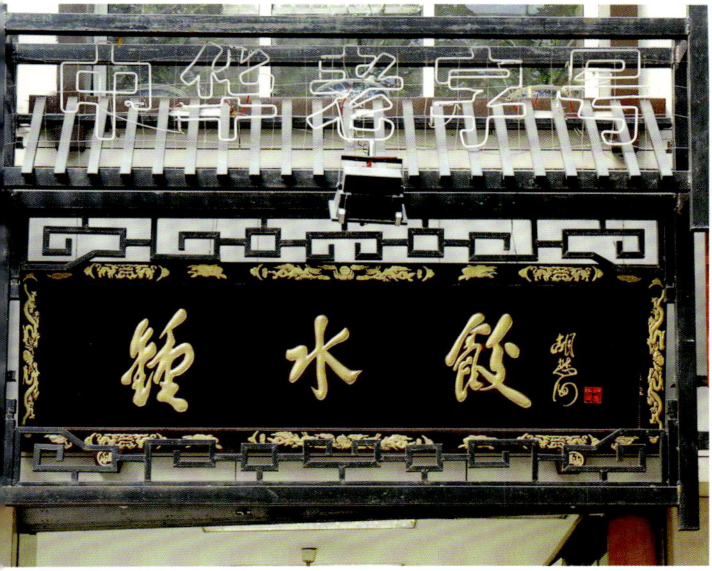

1. 钟水饺的牌匾
2. 红油水饺
3. 清汤水饺

◎ 美食特色

钟水饺是南方饺子的杰出代表，与北方水饺相比，多了一些灵秀之气。俗话说北方饺子吃馅料，南方饺子吃蘸料，但在“美食之都”成都，钟水饺可谓在这两个方面都独具特色。钟水饺精选上等面粉手工制皮儿，制作精细讲究，馅料使用精选猪肉，再配上特制的好汤和调料，深受食客喜爱。

钟水饺的肉馅儿在制作时需搅拌上劲，沿用古法制作，品质始终如一。红油选用成都“二筋条”红辣椒面，用菜油炼制而成；酱油采用特制的复合酱油，再加以蒜泥汁水、芝麻油等多种调料，巧妙配合而成。

饺子端上桌时，淋料讲究顺序和技法：复合酱油打底，红油辣椒紧随其后，用红油辣椒的红亮来衬托复合酱油，再加上乳白的蒜泥点缀其间。香味浓郁、色泽红亮的调料，与饱满馅料的清鲜味相配搭，风味独特。浓浓的酱汁包裹着丰满的大个儿水饺，从里到外都散发着诱人的香气。

第三章

佐餐调味

酸甜苦辣咸，饮食之美在于五味调和。如果说烹饪技艺是中国饮食文化之本，那么调味则是中国饮食文化之魂。

23

北京六必居

企业名称：北京六必居食品有限公司

注册商标：六必居

创 始 人：赵存仁、赵存义、赵存礼

创建年代：明嘉靖九年（1530年）

特色产品：甜酱黑菜、甜酱八宝菜、甜酱黄瓜、甜酱姜芽、白糖蒜、铺淋酱油

六必居酱园始创于明嘉靖年间，迄今已有400多年的历史，是北京历史最悠久的老字号，久负盛名，堪称老字号之最。

◎ “六必居”的含义

明嘉靖九年（1530年），山西临汾西杜村人赵存仁、赵存义、赵存礼兄弟3人合伙在北京开了一家小店铺。当时小店的后厂酿酒，前店除卖酒外，还卖柴、米、油、盐、酱、醋等。俗话说：“开门7件事——柴、米、油、盐、酱、醋、茶。”说的就是这7种东西在人们的日常生活中必不可少。而赵氏兄弟的店铺，除了茶以外其他几样都有，所以就起名为“六必居”。

六必居大门及门口雕塑

◎严嵩手书的金字大匾

六必居酱园坐落在前门粮食店街3号，其店堂里悬挂的“六必居”金字大匾上的三个字结构匀称、苍劲有力，据传出自明朝首辅严嵩之手。此匾虽数次遭劫难，仍保存完好，现已成为稀世珍品。

六必居店训

由于赵氏兄弟善于经营，他们的买卖越做越好，店面不断扩大。于是他们打算换一块相配的匾额，想请一位写字好的先生来写。这块匾据传是当朝首辅严嵩所书，但没有落款。对此民间流传有两种说法。

其一是说这块匾是在严嵩没做官以前所写。当时严嵩还是个闲居在京城的小人物，由于他常来六必居喝酒，与掌柜和伙计都很熟悉。掌柜知道他的字写得非常好，便求他写了此匾。

其二是说这块匾是在严嵩做官以后所写。据说严嵩爱喝六必居的酒，严府时常派人到六必居买酒。严嵩贵为首辅，又是著名的书法家，店掌柜于是就拜托严府仆人想办法请严嵩为六必居写匾。严府仆人只好去求夫人。夫人知道严嵩不会轻易为一个普通店铺写匾，就想了一个办法。她天天在严嵩面前练习“六必居”3个字，却总是写不好。于是严嵩就给夫人写下这3个字，让她照着样子练。正是这样，六必居才制成了严嵩书写的金字大匾。

1 | 2　1. 酱菜坛
2. 酱菜

自从六必居换上了严嵩手书的金字大匾后，身价倍增，很多人慕名前来购买酱菜。

◎六必居的特色酱菜

六必居的酱菜选料精细、制作严格，具有色泽鲜亮、酱香浓郁、脆嫩爽口、咸甜适度的特色，在北京酱园中首屈一指。

其酱菜的主要产品有甜酱甘露、甜酱姜芽、甜酱什锦菜、甜酱黄瓜、白糖蒜、西黄酱等12种，其中甜酱黑菜、甜酱八宝菜和甜酱八宝瓜最为著名，有的还曾被选为宫廷御用食品。

24

北京王致和

企业名称：北京王致和食品集团有限公司
注册商标：王致和
创 始 人：王致和
创建年代：清康熙八年（1669年）
特色产品：腐乳、臭豆腐、料酒、涮羊肉调料、香油、芝麻酱

王致和始创于清康熙年间，已有300多年的历史，是地道的中华老字号。王致和的主要产品有臭豆腐、腐乳等，其产品具有细、腻、松、软、香五大特点，深受消费者的喜爱。

◎ 变质豆腐的华丽转身

清康熙八年（1669年），安徽省宁国府太平县举人王致和进京赶考落第，因所剩盘缠不多，只好滞留京城，暂住于北京前门外延寿寺街羊肉胡同的安徽会馆内。为了生计，王致和做起了豆腐生意。同时他还每日挑灯夜读，以备下科。盛夏的一天，他做的豆腐没卖完。为防止豆腐变质，王致和便将其切成四方小块，撒上盐、花椒等作料，腌在一个小缸中。从此，他歇伏停磨，一心攻读，渐渐就忘了这缸里腌的豆腐。秋凉后，王致和重操旧业，猛然间想起那一小缸豆腐。他连忙将其拿出，结果发现豆腐已变成青色，且臭味扑鼻。王致和觉得要是把豆腐扔了实在可惜，于是便试着尝了一下，没想到入口却有种奇香。他在欣喜之余，又将其拿给街

豆腐乳

王致和的木铲模型

坊邻里品尝，结果品者无不称奇。从此之后，王致和臭豆腐便声名鹊起。

后来，王致和屡试不中，他便开始专心经营臭豆腐。清康熙十七年（1678年），他在延寿寺街西路开了家“王致和南酱园”，经营臭豆腐、酱豆腐、豆腐干及各种酱菜。王致和不断改进豆腐的制作工艺，很快其产品便销路大开，声名远播。清末，臭豆腐还传入宫廷寿膳房，成为慈禧太后的一道日常小菜，慈禧太后还赐名“青方”。

◎ 王致和臭豆腐和王致和腐乳

王致和臭豆腐是老北京的传统佳肴，因

其具有一种沁人心脾的醇香，所以众多消费者称其“一臭万年，香遍万家”。王致和臭豆腐以优质黄豆为原料，经过泡豆、磨浆、滤浆、点卤、前发酵、腌制、后发酵等多道工序制成。其中“腌制”这个环节最为关键，作料的多少将直接影响臭豆腐的质量。在腌制的过程中，一种能够产生蛋白酶的霉菌分解了蛋白质，形成了极丰富的氨基酸，闻起来才会臭。

王致和腐乳质地细腻，味道鲜美，醇香可口，营养丰富，老幼皆宜。经检测，100克王致和腐乳中的氨基酸含量可满足成年人1天的需求，其钙、铁、锌含量均高于一般食品，还含有丰富的维生素B_1和维生素B_2。

臭豆腐

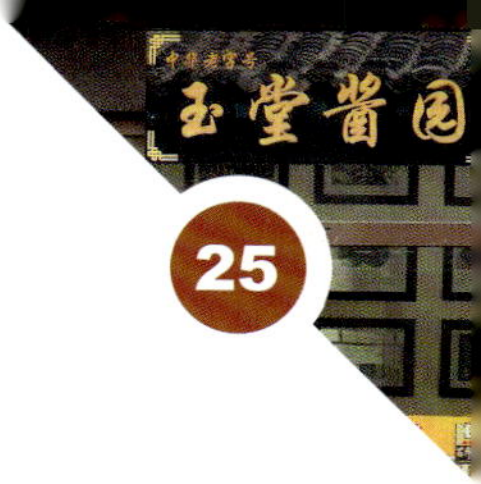

25

山东济宁玉堂酱园

企业名称：济宁玉堂酱园有限责任公司

注册商标：玉堂

创 始 人：戴玉堂

创建年代：清康熙五十三年（1714年）

特色产品：酱菜、酱油、豆腐乳、万国春酒、金波酒、宴嘉宾酒、冰雪露酒

玉堂酱园始建于清康熙五十三年（1714年），至今已有300多年的历史，是鲁西南地区的中华老字号企业。玉堂酱园生产的各种酱菜选料精良，精工细作，南北风味兼蓄，独具地方特色，历来受到人们的喜爱。

◎姑苏玉堂

清康熙五十三年（1714年），苏州人戴玉堂在济宁南门口开了一家酱菜铺，名为姑苏戴玉堂。姑苏戴玉堂的酱菜都是从苏州潘万成进货，这些纯江南风味的小菜虽然很有特色，却不符合当地人的口味，因而生意每况愈下。

清乾隆四十八年（1783年），济宁的大药材商冷长连联合官吏孙玉庭将姑苏戴玉堂买了下来。由于戴家卖店不卖字号，所以冷、孙合营后的字号定名为姑苏玉堂，又名玉堂酱园。买下酱园后，冷长连选中了贴身的伙计梁圣铭，让他遍求名师学艺，后来还将经营酱园的重任交给他。梁圣铭不负重托，他潜心研究，反复尝试，吸取戴家的经验教训，经过几十年的努力，终于研制出了十几种既有江南风

玉堂酱园店铺

味，又有济宁特色的酱菜，使姑苏玉堂名声大振，由一个小小的店铺作坊发展成为济宁数一数二的大字号。

后来冷氏退出股本，玉堂酱园便由孙家独家经营。300多年间，玉堂酱园虽多次陷入绝境，但因其重视产品的质量与特色，均得以绝地重生，如今其经营规模和品种不断扩大，其生产的酱菜、酒类南北风味兼有，十分畅销。

◎货真价实，童叟无欺

玉堂品牌是全国酱菜调味品行业的四大名牌之一，一直遵循“货真价实，童叟无欺”的店训。历代经营者都讲究选料优质，精工细作，保证质量。如酱渍黄瓜，必选个头儿均匀、顶花带刺的黄瓜，再用上好的甜面酱腌出油光闪闪、青绿嫩脆的成品。

关于玉堂酱园的童叟无欺，济宁有很多民间传说。据说，当年有御史曾上奏朝廷说军机大臣孙毓汶“既为官又经商，与民争利”。慈禧太后为此传见孙毓汶，他申辩说自家的玉堂酱园是一个制钱儿的买卖，便利于民：无论大人小孩，只要拿一个铜钱，就能到玉堂酱园买两块酱菜，再滴上几滴香油，店员还要送出门外。朝廷便派人赴济宁查证，查证的官员回奏说孙毓汶所言属实，这才有了慈禧太后“京省驰名、味压江南”的赞美之词。玉堂酱园从嘉庆年间开始实行“规矩牌”制，所以历代玉堂人做人做事都规规矩矩。这些商德义举，口口相传，为玉堂酱园赢得了良好的信誉。

1/2 1. 宝塔菜 2. 酱花生

26

山西清徐东湖老陈醋

企业名称：山西老陈醋集团有限公司
注册商标：东湖
创 始 人：王来福
创建年代：明末清初
特色产品：东湖老陈醋

山西老陈醋是中国四大名醋之一，素有“天下第一醋”的盛誉。老陈醋除了具有一般醋的酸醇、味烈、味长等特点，还具有香、绵、不沉淀的特点，且过夏不霉、过冬不冻。

◎ “天下第一醋”的发展史

晋阳（今太原）是我国食醋的发祥地之一，其中又以清徐的醋为佳。明末清初时，在山西清徐东湖之畔聚集着上百家酿醋作坊，晋中介休人王来福的“美和居”酿醋作坊便是其中最大的一家。他在借鉴他人酿醋经验的基础上，不断改良创新，创制了“熏醅”“三伏暴晒，三九捞冰”的独特生产工艺。后来王来福意外发现，经过“夏伏晒，冬捞冰”的隔年醋，口感又酸又香又绵，风味醇厚如陈酒，于是便称其为“老陈醋”。

清顺治年间，有位钦差大臣路过清徐，尝过王来福做的陈醋后连连夸好，于是县太爷就赠送给他10篓老陈醋。钦差回京后，又将老陈醋献给皇上。皇上在宴席上

东湖醋园

拿出老陈醋，群臣品尝后都对其赞不绝口。皇上便命王来福进京，专为御膳房做醋。王来福来到京城后，向皇上说明：“酿制好醋有三个条件——水质、原料和工艺，而山西的水最适合做陈醋，最好回清徐专为皇上做醋。”于是，皇上就封王来福为九品宫膳作师，赐旗杆一根，高悬“山西老陈醋”御笔店招。从此以后，山西老陈醋便成了“天下第一醋”，享誉全国。

◎ 东湖老陈醋

东湖老陈醋是对山西老陈醋的继承和发扬，它沿袭了前人创造的“熏蒸法”，至今沿用“夏伏晒，冬捞冰”的方法做醋。东湖老陈醋的制作工艺较为成熟、完善，是山西唯一保留制曲车间的醋园。

东湖老陈醋采用的是固态发酵工艺，多年来一直采用大曲糖化发酵的方法来做醋，绝对是自然而成。这种工艺可以有效地保留原料的有益成分和粮食的香气，具有其他工艺所无法达到的厚重口感。

27

安徽安庆胡玉美

企业名称： 安庆市胡玉美酿造食品有限责任公司
注册商标： 胡玉美
创 始 人： 胡兆祥
创建年代： 清道光十年（1830年）
特色产品： 蚕豆辣酱、酱油、辣油椒酱、复合调味酱、酱菜、生粉

胡玉美是安庆名产，其系列产品有百余种，产品选料精细，做工考究，风味独特，既可做家常佐餐、宴席素菜，又便于旅途携带，广受大众好评。

◎ 胡玉美简史

清康熙年间，胡氏先人胡元彬由徽州休宁县来安庆落户经商。清道光五年（1825年），胡元彬的曾孙胡兆祥在八都湖附近的甘庄经营小酱坊。胡兆祥经常挑着酱货担沿街叫卖，偶然间他发现甘家制酱用的是蚕豆，而其他制酱作坊用的原料都是黄豆。经过比较后，胡兆祥发现蚕豆酱色泽红润，芳香可口，味辣而甘美，比黄豆酱的味道好多了。胡兆祥因此激动不已，便想学习蚕豆酱的制作秘方和工艺。但甘家将制作蚕豆辣酱的祖传秘方视为命根子，不肯传授给外人。在胡兆祥的多次请求下，甘家老父亲见其为人忠厚诚实，便提出要招胡兆祥为上门女婿，才能满足他求艺的要求。

清道光十年（1830年），胡兆祥与岳父合资，在安庆北门外的南庄岭合伙经营豆酱、酱油、酱菜及酱干4种大路货，故店铺取名为“四美”酱园。二人合资经营4年后，产生了一些矛盾，双方拆资独自经营。

清道光十八年（1838年），甘家在大南门独资开办“甘玉美”酱园，胡兆祥在甘玉美酱园斜对面的四牌楼街开设“胡玉美”酱园。“玉美”作为店名的由来有二：其一是以玉之难得指前人创业之艰辛；其二有“玉成其美”之意。

胡兆祥以传统文化打造企业，应变能力强，除不断改进蚕豆辣酱的配方、进一步提高产品质量，还广交商界朋友，拓宽销售渠道，因而生意越做越大，最终收购了甘玉美酱园。与此同时，胡玉美酱园的规模也不断扩大，在安庆渐渐打响了名号。

◎ 蚕豆辣酱和其他产品

由于苏皖人的口味较为清淡，胡玉美酱园就结合川酱的特色和苏皖一带的口味，摸索出了具有当地特色的制酱方法，酿出辣味不重、味道鲜美，更适合当地人口味的蚕豆辣酱。这种酱是以优质蚕豆、辣椒和44摄氏度封缸酒为主要原料酿制而成，成品绛紫泛红，辛香细腻，微辣带甜，咸中有香，具有色香味俱全、营养丰富、食用方便等特点。

胡玉美在发展拳头产品蚕豆辣酱的同时，还增加产品的种类，如糕点、糖果、蜜饯、荤素罐头、酒、饮料等。其产品始终保持地方特色，以选料考究、制作精细而闻名，在全国各地都很走俏，并远销海外。

胡玉美系列产品

四川成都郫县豆瓣

企业名称：四川省郫县豆瓣股份有限公司
注册商标：鹃城
创 始 人：陈守信
创建年代：清咸丰年间（1851—1861年）
特色产品：郫县豆瓣

郫县豆瓣已有300多年的历史。它在选材与工艺上独树一帜，不加任何香料却香味醇厚，未加任何油脂却色泽油润，具有酱香浓郁、鲜红油润、辣而不燥、回味香甜的特点，是烹制川菜必备的调味佳品，被誉为“川菜之魂”。

◎郫县豆瓣鼻祖陈守信

清康熙年间，湖广填四川，福建汀州府孝感乡陈氏族人迁入郫县。迁居四川后，陈氏族人无意中发现用晒干后的蚕豆拌入辣椒和少量食盐，用来调味佐餐，味道极佳，这就是郫县豆瓣的雏形。

但是盐渍辣椒容易出水，不宜长期保存。清咸丰年间，陈氏后人陈守信为了改进先人的技艺，潜心研究数年。他先是用豌豆加入盐渍辣椒吸水，可效果不佳；再换蚕豆，效果依然不佳。于是他又借鉴豆腐乳发酵之法，加入灰面和蚕豆一起发酵，其味鲜辣无比，郫县豆瓣就这样诞生了。研制成功后，陈守信与其后人便在郫县城南外一直经营豆瓣生意。他们不断改良郫县豆瓣的加工技艺，其口感越来越

郫县豆瓣制造坊

郫县豆瓣烩牛腩

好，吸引了众多顾客购买。

清咸丰三年（1853年），陈守信在郫县创立“益丰和”酱园：取陈守信号首“益”字；其年正值咸丰年，取“丰”为时记，又取天、地、人之“和”。后来，陈守信又开始尝试使用蚕豆和面粉混合发酵，并与盐渍辣椒混合的生产技艺，最终生产出了正宗的郫县豆瓣。陈守信和他的益丰和酱园便被人奉为郫县豆瓣的鼻祖。

◎ 解密郫县豆瓣

郫县豆瓣的品质特色与郫县的环境、气候、土壤、水质、人文等因素密切相关。郫县现为成都市郫都区，属盆地中亚热带湿润气候，自然条件得天独厚，特别有利于郫县豆瓣的主要原材料红辣椒、蚕豆的生长。这里的气候与水质又为郫县豆瓣微生物菌群的生存提供了最佳环境，使其充分生长并分泌大量的酶类，促使豆瓣中各原料分解，从而造就了郫县豆瓣独特的外观品质和内在风味。

郫县豆瓣历经数百年的发展，逐步形成了通过长期翻、晒、露等传统工艺天然精酿发酵而成的制作工艺，该传统技艺在2008年被列入国家级非物质文化遗产名录。郫县豆瓣具有瓣子酥脆、酱香浓郁、红褐油润、辣而不燥、黏稠适度、回味醇厚悠长的特点，色、香、味俱佳。辣椒与蚕豆都富含蛋白质、脂肪、碳水化合物和维生素C，还具有开胃、祛湿防寒之效。郫县豆瓣既是烹饪川菜的经典调料，又可直接佐餐，所以在全国乃至世界各地都广为流传，深受人们的欢迎。

1. 郫县豆瓣制作现场
2. 郫县豆瓣酱

采芝斋茶楼
采芝
康。产品以精选松仁、桃仁、芝麻等天然果脯原料及玫瑰
名店
江南风味
营业时间
8:30-21:45

第四章

糕点零食

正餐之外的糕点零食，让生活变得更有滋味。它们还是逢年过节、走亲访友时的馈赠佳品。

江苏苏州稻香村

企业名称： 苏州稻香村食品有限公司

注册商标： 稻香村

创 始 人： 不详

创建年代： 清乾隆三十八年（1773年）

特色美食： 杏仁酥、葱油桃酥、薄脆饼、猪油松子酥、豆沙饼、耳朵饼、牛皮糖

苏州稻香村已有200多年的历史，主要经营苏式糕点、青盐蜜饯、糖果炒货等产品，具有深厚的文化底蕴、精湛的制作技艺、卓越的品质信誉和广泛的行业影响力，被誉为“糕点泰斗，饼艺至尊”。

◎从《红楼梦》中走出来的稻香村

稻香村的店名取自曹雪芹的《红楼梦》，对此民间流传着两种说法。

其一是说店主非常喜欢看《红楼梦》，店铺的名字正是从中受到启发。因《红楼梦》中大观园里有个稻香村，他又联想到茶食糕点的原料都是稻麦，所以就将店铺定名为“稻香村”。

其二是成稿于1931年的《醇华馆饮食脞志》中提到：稻香村店主姓沈，在观前街开了个茶食店。开店之后，还缺招牌，于是就找身为“太湖滨莳萝卜之某农”的挚友商量。沈店主的这位朋友喜欢《红楼梦》，于是就选了大观园中的“稻香村”3个字，为沈店题名。

上海大观园中的稻香村

◎ 御赐店招

据《南方饮食掌故》一书记载：乾隆皇帝南巡至苏州时，一日曾微服私访路过稻香村。他觉得这个店名十分雅致，便信步走进店内。乾隆皇帝品尝了店内的蜜糕后赞不绝口，并称其“食中隽品，美味不可多得”。回到行宫后，他便令苏州府台日后将稻香村蜜糕进贡至京。稻香村献给朝廷的贡品糕点极为精致可口，乾隆皇帝在宫中吃到后龙颜大悦，特御赐一块葫芦形招牌，上写“稻香村”3个飞金大字，稻香村因此名扬天下。

◎ 稻香村的点心

稻香村生产的糕点因选料品质高、应时新鲜、工艺细致、成品精致、味形并重的特性而独成一派。据《吴中食谱》一书记载：“稻香村制作方糕、松子王千糕每日皆有定数，决不粗制滥造。而该店制作的熏鱼、野鸭……均讲究新鲜，制作熏鱼，非青鱼不熏。所谓宁缺毋滥。”

现在稻香村除了生产杏仁酥、葱油桃酥、薄脆饼、洋钱饼、猪油松子酥等传统特色的茶食糕点，还兼营炒货、青盐蜜饯、西式糖果、饼干、罐头食品、乳品、饮料等，共22大类130多个品种。

稻香村坚持“工匠精神”，糕点制作工艺复杂，其传统手工技艺都是通过“师傅带徒弟”的方式代代相传。从创始至今，稻香村的糕点制作技艺一直有着清晰的传承谱系，目前已经传承至第六代。

1. 古老的糕点模具

2. 稻香村糕点

30

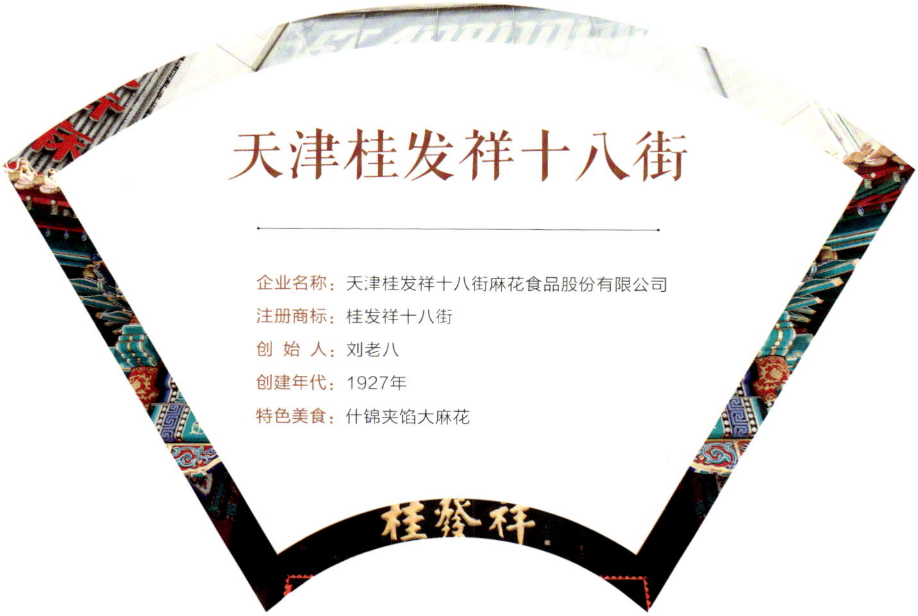

天津桂发祥十八街

企业名称：天津桂发祥十八街麻花食品股份有限公司
注册商标：桂发祥十八街
创 始 人：刘老八
创建年代：1927年
特色美食：什锦夹馅大麻花

桂发祥十八街麻花是一道传统的天津名点，因店铺地处东楼十八街而得名。它与天津狗不理包子、耳朵眼炸糕并称为“天津三绝”，1997年在全国首届名小吃鉴定认定会上被认定为“中华名小吃”。

◎ 什锦夹馅大麻花

在天津海河西侧，有一条名为“十八街”的巷子。1927年，出身面点世家的刘老八在这里开了一间麻花铺，字号“桂发祥”，寓意为“桂子飘香，发愤图强，吉祥如意”。刘老八的麻花选用精白面粉、上等清油精制而成，口感酥脆，因而备受欢迎。因他的店铺位于十八街，所以他的麻花就被食客称为“桂发祥十八街麻花”。

可过了一段时间，刘老八发现店铺的生意渐渐不如以往了，他就尝试着改进技艺。有一次，店里的少掌柜外出游玩归来，又累又饿，可恰巧店里的点心没有了，只剩下一些点心渣。店里的伙计只好把点心渣与面粉和在一起做成麻花下锅炸。没

桂发祥门店

想到炸出的麻花口感酥脆、香气扑鼻、味道可口，比之前的麻花更好吃。刘老八兴奋不已，在此基础上不断尝试，在麻花的白条和麻条之间夹进什锦馅酥条，最终研制出了什锦夹馅大麻花。这种麻花条酥而不懈，馅溢而不散，金黄通透，均匀饱满，造型周正，酥脆香甜，久放不绵。该产品一经问世，便赢得了众人的青睐，成为天津乃至北方美食中的翘楚。

◎ 天津的美食名片

什锦夹馅大麻花是桂发祥十八街麻花的主打产品。制作时，需将由芝麻、桃仁、瓜子仁、青梅、桂花、青红丝及香精水等小料配制的什锦馅酥条夹在麻花中间，然后放进花生油里在微火上炸透，最后撒上冰糖块、青红丝、瓜条等小料即可。

为了丰富麻花的口感，桂发祥十八街麻花的掌门人一直坚持“究工艺”“掘配料”“研口感”“思外形”，从未停止过对产品求新求变的脚步。

时至今日，桂发祥十八街麻花在传承经典老味道的同时，还相继开发了多个系列不同规格的麻花新品，以及中西糕点、休闲食品、应季食品等近百个品种。桂发祥十八街麻花已成为天津的美食名片，并作为中华传统经典美食走向世界各地。

1. 桂发祥十八街大麻花

2. 大麻花制作过程的铜像

31

天津耳朵眼炸糕

企业名称：天津耳朵眼炸糕餐饮有限责任公司

注册商标：耳朵眼

创 始 人：刘万春

创建年代：清光绪十八年（1892年）

特色美食：耳朵眼炸糕

耳朵眼炸糕是天津著名的特产，为“天津三绝”之一，已有100多年的历史，因店铺最初地处耳朵眼胡同而得名。耳朵眼炸糕成品外形为扁球状，呈淡金黄色，口感外焦里嫩，酥皮脆而不硬，馅儿细腻而不干。

◎ 刘万春和他的耳朵眼炸糕

耳朵眼炸糕始创于清光绪十八年（1892年），第一代掌柜为刘万春，他起初经常推着独轮车在天津鼓楼、北大关一带卖炸糕。后来，他在北门外大街的耳朵眼胡同开了一家“刘记”炸糕店，现做现卖。当时的北门外大街是去往京师的通衢大道，东西两侧有估衣街、针市街、竹竿巷等，有着全市最大的干鲜果、皮货、染料、药材市场，十分热闹。

刘万春的炸糕选料讲究、精工细作、物美价廉、风味独特，在众多炸糕中独树一帜，大受欢迎，他也因此赢得了“炸糕刘”的美称。另外，炸糕的“糕”字谐音“高”，寓意步步高升、财源广进，所以附近的住户在办喜宴寿宴时都会购买刘万

1. 耳朵眼炸糕门面

2. 制作耳朵眼炸糕的铜雕

1 | 2　1. 耳朵眼炸糕
2. 炸制耳朵眼炸糕

春的炸糕，他的生意日渐兴隆。

因刘记炸糕店位于耳朵眼胡同的出口处，人们便风趣地称其为“耳朵眼炸糕铺”，此名号就这样逐渐流传了下来，其炸糕也被人们亲切地称为“耳朵眼炸糕”。

自1983年以来，耳朵眼炸糕多次被天津市政府、市商委和市烹协评为优质食品，1997年更是被中国烹饪协会认定为“中华名小吃”。

◎ 耳朵眼炸糕的制作方法

耳朵眼炸糕是用糯米做面皮，以朱砂红小豆、优质红糖为馅儿炸制而成的。

按照传统做法，面皮选用天津北运河沿岸上等黄米和江米经水泡胀，然后用石磨将其磨成粥状，盛于布袋中，经淋水发酵后兑好碱而成。制馅儿时，需用天津出产的朱砂红小豆制成豆馅儿，再配以优质红糖在锅内熬汁炒成豆沙馅儿。待馅儿凉后，即可包入面皮中，温油下锅，勤翻勤转。成品在滚油内炸成金黄色球冠状，色泽金黄，外皮酥脆不艮，内里柔软糯黏，豆馅儿细甜爽口，别有风味。

如今，耳朵眼炸糕的面皮已改用南方的江米为原料，但口味仍然保持了其传统特色，炸制时需要3口锅，但只有2口锅用于炸炸糕，第三口锅是控油用的。

天津果仁张

企业名称： 果仁张（天津）食品有限公司

注册商标： 果仁张

创 始 人： 张明纯

创建年代： 清道光年间（1821—1850年）

特色美食： 琥珀花生仁、琥珀核桃仁、虎皮花生仁、净香花生仁、奶香瓜子仁、五香松子仁、琥珀腰果仁、奶香杏仁

果仁张是天津市的老字号之一，已有近200年的历史，其产品种类繁多，曾是宫廷御膳食品，被赐名为“蜜供张”。

◎ 源自宫廷的美味小吃

果仁张创始于清道光年间（1821—1850年），创始人为张明纯。他曾任清朝宫廷御厨，厨艺超群，擅长制作蜜饯。据说道光年间，一次皇帝告祭太庙，吩咐御膳房准备一道寓意江山永固的贡品。御厨们绞尽脑汁做出了许多道菜品，唯独张明纯制成的蜜供瓶“四海升平”令道光皇帝大喜，并赐其“蜜供张”的名号。

果仁张的第二代传人张维顺随父在御膳房供职，深得父亲的真传。他做的蜜供色泽纯正、甜而不腻、清滑爽口。此外，他还创新了坚果的炸制技艺。据说同治皇帝幼年时厌食，太后犯愁，命御厨们献艺。御厨们做的高端菜品大都不符合小皇帝的胃口，为此很多人挨了板子。张维顺以一小碗白米粥，搭配几种果仁制品，竟让小皇帝胃口大开，太后大喜，并嘉奖、赏赐了张维顺。

天津果仁张门店

第三代传人张惠山先后在北京、天津开店，创立“果仁张”，经营各种地道的宫廷小吃，小店生意火爆。张惠山还曾为国家高级宴会制作各种食品，受到国内外宾客的好评。张惠山炸制的净香花生仁、琥珀核桃仁、虎皮花生仁等品种，在1956年天津市饮食商业优质品种展览会上被评为优良食品。

第四代传人张翼峰和夫人陈敬在新的环境下进一步发展了果仁张食品，并首创了挂霜系列新产品，受到国内外宾客的青睐。

◎ 传承和发展

果仁张的成品以花生仁、腰果仁、核桃仁、瓜子仁及多种豆类为主料，具有香甜酥脆、美味可口、回味无穷、久储不绵的特点，以其精湛的工艺、独特的风味闻名海内外。其传统产品有琥珀花生仁、琥珀核桃仁、虎皮花生仁、奶香瓜子仁、五香松子仁等。

如今的果仁张已传承至第六代，凝结了六代人的心血和智慧，以选料严格、制作精细而著称。其传承人根据季节变化掌控油质和油温，针对果仁制品的色泽和味道调制配料，发展了推、翻、摁、抄、拨、托、提、压、转、挤、拢、点、撩等工艺手法。其创新产品有琥珀腰果仁、奶香杏仁及奶香、五香、香草、柠檬、山楂、咖喱、薄荷、姜汁等多种口味的花生仁、蚕豆、青豆等。

1 | 2

1. 虎皮花生仁
2. 琥珀核桃仁

33

江苏苏州采芝斋

企业名称：苏州采芝斋食品有限公司
注册商标：采芝斋
创 始 人：金荫芝
创建年代：清同治九年（1870年）
特色美食：松子软糖、乌梅饼、九制陈皮、沉香橄榄

苏州采芝斋是中华老字号糖果店，主营松子软糖、乌梅饼、九制陈皮、沉香橄榄等上百种苏式糖果。采芝斋的糖果选料讲究、加工精细、营养丰富、甜香可口，兼具中国传统特色与西式糖果之长，风味独特。

◎ 采万物灵芝，溶百年珍味

在苏州古城观前街，有一座粉墙黛瓦、雕梁画栋的临街店铺。店堂内布置得古朴典雅，好似一座小型的苏州园林。从店铺里面飘出各种沁人心脾的甜香，令人垂涎，有芝麻的香、松子的香、桂花的香、玫瑰的香……

这里便是著名的苏州采芝斋，店门口挂着一副对联：“采万物灵芝，溶百年珍味。”

这里的糖果多以果仁以及玫瑰、桂花、薄荷等为辅料，具有天然的色、香、味，又根据季节变换用料，力求新鲜，因而店里总是顾客盈门，生意兴隆。这里的贝母糖因慈禧太后大加赞赏而成为“贡糖”。有些糖果不仅味道好，且寓药理于甘

采芝斋门店

美食品之中，因而采芝斋又获得了“半爿药材店”的美称。

◎ 采芝斋的来历

清同治九年（1870年），河南人金荫芝购置了熬糖炉子、小铜锅、青石台、剪刀等简陋工具，在观前街73号设摊卖糖。他每日当众熬糖、剪糖，因剪出的糖块形似粽子，所以被大家称为粽子糖。金荫芝的糖味道甘甜，做工精细，很受顾客欢迎。

清光绪十年（1884年），他携子金忆萱在观前街72号自立店面，自产自销各种苏式糖果，又新增了炒货、蜜饯等品种。这里原本是一家古董店，名号为“采芝斋”，金荫芝与店主夫妇的关系很好。后来，店主夫妇因年老无嗣，准备回故乡宁波养老，于是就将古董店的租赁权转让给了金荫芝。金荫芝在这里正式营业后，生意日盛一日，但其糖果铺仍无正式的名号。于是，来买糖的顾客就按原来古董店的名字称其为“采芝斋”。这样叫的人多了，金荫芝干脆顺水推舟，把店招正式定为“采芝斋”。

麻饼

◎在秉承传统的基础上不断创新

在100多年的经营和积累中，采芝斋创造了不少具有苏州地方特色的名牌产品：苏式糖果类有金黄松脆的脆松糖、洁白清香的轻松糖、甜香软糯的软松糖等，清水蜜饯类有白糖杨梅干、九制梅皮、玫瑰半梅、九制陈皮等。此外，还有粒粒凤眼、壳薄仁厚的玫瑰西瓜子、奶油西瓜子炒货等品种，这些西瓜子以“净、小、香”著称。

现在，采芝斋在秉承传统的基础上不断创新，产品有特产糖果、蜜饯、糕点、炒货、咸味小食品等300多个品种。

松仁豆沙酥饼

34

云南昭通月中桂

企业名称：昭通月中桂食品有限责任公司
注册商标：月中桂
创 始 人：熊绍武
创建年代：1925年
特色美食：绿豆糕、月饼、鸡蛋糕、桃片糕

月中桂是一种以绿豆粉为主要原料制作而成的味道香甜、松软细腻、色泽美观、滑润爽口的风味食品，是云南昭通的名优食品，深受当地人喜爱。云南昭通月中桂创立于1925年，是由一个糕点店发展而来的知名企业。

◎绿豆糕的改进创新

1925年，熊绍武在昭通的昭阳区西陡街交会处租下一处门面，专营绿豆糕、火腿饼等糕点。起初，他的糕点店只是一个家庭作坊式的小店。为了让自己的糕点更有特色，在同类产品中脱颖而出，熊绍武潜心研究，不断改进糕点的制作工艺。后来，熊绍武结识了对糕点制作颇有研究且技艺超群的黄炳林，二人遂结为莫逆之交。他们在借鉴传统制作工艺的基础上，综合各地之长与当地原料的特性，以姜黄着色，重油重糖，完全采用冷操作的方法，形成了具有本地特色的风味名吃绿豆糕。

熊绍武的经营原则是保质保量、薄利多销、童叟无欺。他们的绿豆糕、月饼等

绿豆糕

产品选料精细、制作精良、货真价实、余味绵长，因而在周边甚至更远的省市享有盛誉。后来，熊绍武的表兄为糕点店挥毫手书“月中桂”3个字，昭通名儒杨筱云更是为其书写对联两副，一联是：月华最是中秋朗，桂子新开第一香；另一联是：月满琼楼中外瞻彩，桂飘金粟远近闻香。云南昭通月中桂由此声名远播。

◎ 独特的工艺与风味

由于地域、口味的不同，我国南北方糕点在制作方法和程序上差异很大，北方以印模“拓”为主，而南方重“蒸”。昭通月中桂则是在反复实践中综合了南北工艺之长，采用了冷操作的方法，形成了独特的工艺与风味。

桃片糕

月中桂绿豆糕主要以猪油、糖粉、糯米粉、绿豆沙、玫瑰糖、姜黄面为原料，经过淘洗、筛选、烘烤，用和面机和匀后，放入糕箱打制，再由包装车间最终完成。其成品为鹅黄色，色泽淡雅亮丽，芳香宜人，糕点坚而不硬，甜而不腻，入口清爽滑润，口感极佳，是馈赠亲友、欢度佳节的上品。

昭通月中桂在秉承其优良传统的同时，不断为品牌注入新的活力。除了主打绿豆糕、月饼等系列产品，公司还开发出了鸡蛋糕、桃片糕、花生糖块、小麻片、沙糕、鱼皮花生、芙蓉饼等一系列产品，也十分畅销。

第五章

茶酒添香

万丈红尘三杯酒，千秋大业一壶茶。中国的茶文化和酒文化都是一种休闲文化，也都是一种交际的文化。

35

北京吴裕泰

企业名称：北京吴裕泰茶业股份有限公司

注册商标：吴裕泰

创 始 人：吴锡卿

创建年代：清光绪十三年（1887年）

特色产品：茉莉牡丹绣球、茉莉雪针、莲峰翠芽、径山茶

北京吴裕泰是由吴裕泰茶栈、吴裕泰茶庄演变、发展而来的，由吴锡卿始创于清光绪十三年（1887年），至今已有130多年的历史。吴裕泰是京城著名的中华老字号，在国内同行业中具有较高的知名度。

◎门洞里的茶铺

清光绪年间，徽州歙县的吴锡卿同一位举人进京。到了北京后，举人忙着参加会试，吴先生常常孤身一人。平日里，周围的许多邻居都对他十分照顾。过了一段时间，吴先生就想给街坊们送些礼物表示感谢，刚好来京时他从家乡带了些茶叶，于是便把茶叶送给邻居们品尝。喝过这些茶后，邻居们纷纷对其赞不绝口，并劝说吴先生干脆摆个地摊卖茶叶。吴先生觉得这个主意不错，既可解闷，又可赚些钱。于是他很快就在北新桥大街路东的一个大门洞里摆起了茶叶摊，没想到生意非常好，茶叶很快就卖完了。吴先生仔细观察了一段时间后发现，在京城，上自达官显贵，下至平民百姓，大家都喜欢喝茶。后来，举人落榜，要继续留在京城，准备下

北京吴裕泰的店铺

科再考，他便托吴先生回歙县老家帮忙取些银两。正好吴先生的茶叶也卖完了，趁回乡之机，他便带了更多的茶叶到京城，以便继续经营他的茶叶生意。

北新桥大街路东的这个门洞便是吴裕泰的发祥地，据说这里原来是个破败的豪门府第的大门。吴家的茶叶生意正是由此起步，不断发展壮大，渐渐在京站稳了脚跟。清光绪十三年（1887年），吴家把这个大门洞买了下来，经过修缮后建成店铺门面，起字号为“吴裕泰茶栈”，后改为“吴裕泰茶庄”。

◎百年裕泰香

随着吴氏家族的生意越做越大，吴裕泰在北京逐渐开设了吴德利茶庄、协利茶庄、吴新昌茶庄等众多分号。

百多年来，吴裕泰秉承“自采、自窨、自拼”的操作规范。吴氏茶庄的茶叶都是从安徽、浙江、福建等茶叶产地按自己的标准直接采摘，并派专人在福州、苏州等地窨制成茉莉花茶，经水陆运往京城，最后再拼配成各种档次的茶。吴裕泰的茉莉花茶具有“香气鲜灵持久，滋味醇厚回甘，汤色清澈明亮，耐泡”的特点，这便是老北京人赞不绝口的“裕泰香”。吴氏茶庄拼配的茉莉花茶在北京城及其近郊一带享有盛誉，无论是达官显贵，还是布衣百姓，都对其情有独钟。

采茶工挑选茶叶的雕塑

北京吴裕泰的铁观音

36

北京张一元

企业名称：北京张一元茶叶有限责任公司

注册商标：张一元

创 始 人：张文卿

创建年代：清光绪二十六年（1900年）

特色产品：龙井、碧螺春、花茶、紧压茶、红茶、保健茶

张一元茶庄一直秉承诚信为本、全般品质的传统，以“打造中国茶叶第一品牌、弘扬国饮”为目标。目前，张一元在全国有30个生产基地，生产加工绿茶、红茶、白茶、青茶（乌龙茶）、黄茶、黑茶六大茶类，茶叶花色品种达300多种。

◎一元复始，万象更新

清光绪二十二年（1896年），安徽歙县人张文卿在北京花市大街摆设茶摊，经营起了茶叶生意。由于他卖的茶叶质量上乘，茶好汤清，再加上他经营有方，茶摊的生意日渐红火。清光绪二十六年（1900年），张文卿已积累了不少资本，于是便在花市大街开设了一家茶庄，取名“张玉元”。清光绪三十四年（1908年），张文卿又在前门外观音寺街路南开设了“张一元”茶庄，店名寓意“一元复始，万象更新”，也就是希望“开市大吉，日新月异”，讨个彩头。不久，该茶庄迁至观音寺街路北营业。1912年，他又在大栅栏开设了“张一元文记茶庄”。茶庄开业后，由于店址优越、经营得法、茶叶质量上乘，很快便在北京声名鹊起。

北京张一元的店铺

1 | 2　1. 民国时期的茶叶盒
2. 张一元的花茶

关于其店名里“一元”的含义，民间有不同的说法。有人说它取自最初的“张玉元”茶店的谐音，有人说它是“一元复始，万象更新”之意，还有人说它指的是“一元钱一包茶”。究竟是哪种说法已不可考，不过，张一元茶庄的生意倒是蒸蒸日上，后来逐渐成为京城著名的老字号茶庄。

◎经营得法，以质取胜

为了确保茶叶的质量，1925年，张文卿亲自到福建开办茶场，雇用工人按季节收购新摘的茶叶，并选最好的茉莉花自己窨制，再根据北方人的口味进行拼配。张一元的茉莉花茶以其“汤清，味浓，入口芳香，回味无穷”的特色，深受国内外茶客的欢迎。

因为有了自己的茶叶基地，所以同等级的茶叶张一元比别的茶庄卖得便宜。他经常派人到其他茶庄了解售价，并买回其茶叶与自家同级茶叶比较，以保证自家茶叶质量优于同行。此外，张一元还推出了电话订货、特需登记、送货上门、代客邮寄等灵活的服务方式。

在确保茶叶质量的基础上，张一元不断更新、改造、调整、增加茶叶品种，现在其供应的茶叶不仅有龙井、碧螺春等绿茶，还有深受北方人喜爱的各个档次的花茶、紧压茶、保健茶等。

37

北京牛栏山

企业名称：北京顺鑫农业股份有限公司牛栏山酒厂
注册商标：牛栏山
创 始 人：不详
创建年代：清康熙年间
特色产品：经典二锅头、传统二锅头、百年牛栏山、珍品牛栏山、陈酿牛栏山

牛栏山二锅头产于牛栏山脚下、潮白河畔，口感地道，为二锅头的正宗源头。依据现保存在顺义档案馆的《顺义县志》，从有详细酿酒历史记载的清康熙五十八年（1719年）算起，酿酒古镇牛栏山的“酒龄”已超300年。

◎百年酒窖牛栏山

1982年，牛栏山酒厂附近出土了鼎、觯、爵等8件青铜器，其中的5件都与酒有关。经有关专家分析推测，这些应该是我国西周年间的器皿。由此可见，早在3000年以前，牛栏山地区就已经有了饮酒文化。

牛栏山地区土地肥沃，有得天独厚的水源优势和气候条件，特别适宜酿酒。300年前，这里的酿酒业就已十分发达。据清康熙五十八年（1719年）的《顺义县志》卷二《集镇》记载：牛栏山酒肆茶坊等“铺店亦数百家”，其“黄酒、烧酒”为远近闻名之“物产”。这里的“烧酒”指的就是牛栏山二锅头。

◎ 二锅头之宗

据《顺义县志》记载："所酿之酒甘洌异常……颇脍炙人口，而尤以牛栏山酒为最著。"历经数百年的发展，牛栏山二锅头已成为中国清香型白酒的代表，深受消费者青睐。

牛栏山二锅头为二锅头之宗，也是京酒的代表。酿酒师在蒸酒时，秉承百年中华老字号工艺精髓，"掐头去尾截取中段"，即去第一锅"酒头"，弃第三锅"酒尾"，唯取第二锅之贵酿。牛栏山二锅头宗气一脉相传，于2002年荣获"国家二锅头原产地认证"。

牛栏山地区悠久的酿酒传统、独特的酿酒技艺，使得牛栏山二锅头独具特色，具有重要的历史文化价值。

◎ 地缸发酵，清蒸清烧

牛栏山二锅头具有独特的传统酿造工艺，其原料为顺义本地的优质高粱和小麦，从原料粉碎到成品酒灌装，历经糊化、发酵、蒸馏等10多道关键工序，纯粮酿造、绿色天然。牛栏山二锅头的发酵，以豌豆、大麦等制成的大曲作为发酵剂，沿用古老的地缸发酵法，恪守传统的"清蒸清烧"酿造工艺。这样酿造出来的二锅

北京牛栏山的酿酒雕塑

头，酒液清亮，气味清香，口感柔和，口味醇厚，酒体谐调，余味绵长，颇受消费者的喜爱。

如今的牛栏山酒厂以全力打造中国二锅头第一品牌为己任，恪守传统的酿制工艺，充分保证了地道二锅头之清、爽、醇、净的特点，主要生产以清香型“牛栏山”为代表的四大系列共计200余种酒。

1. 北京牛栏山的砖雕
2. 古法酿酒

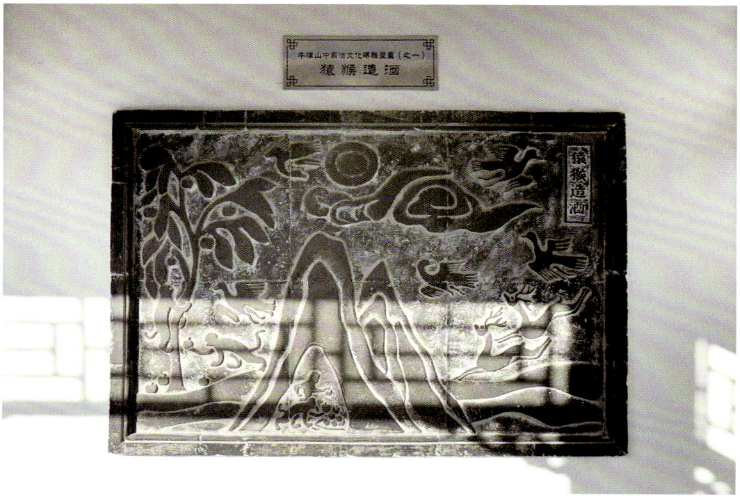

38

山东张裕

企业名称：烟台张裕集团有限公司
注册商标：张裕
创 始 人：张弼士
创建年代：清光绪十八年（1892年）
特色产品：解百纳干红，金奖白兰地系列，普通干红、干白葡萄酒系列

山东张裕集团始创于清光绪十八年（1892年），其前身是“张裕酿酒公司”，由著名爱国华侨实业家张弼士投资创办，是中国葡萄酒行业的先驱。经过100多年的发展，张裕集团已经发展成为中国乃至亚洲最大的葡萄酒生产经营企业。

◎中国首个工业化葡萄酒厂家

清光绪十八年（1892年），著名的爱国华侨实业家张弼士投资300万两白银，在烟台创办了张裕酿酒公司，这是中国第一个工业化生产葡萄酒的厂家。

张弼士创办张裕的起因，除了“实业兴邦”之外，据说还源自他与法国领事的一段闲话。

清同治十年（1871年），张弼士在印度尼西亚雅加达参加法国领事举办的酒会。席间那位法国领事讲述了一段往事：他曾于第二次鸦片战争期间到过烟台，那里漫山遍野都是野葡萄。士兵们采摘野葡萄后将其酿成葡萄酒，竟然别有一番风味。那时他甚至想过战后留在烟台开办公司，做葡萄酒生意。

张弼士仔细考察了烟台的葡萄园种植和土壤水文状况，便决定在这里建造酿酒公司。张弼士为此向慈禧太后献上30万两白银，得到了朝廷的支持。光绪皇帝的老师翁同龢亲笔为公司题写了“张裕酿酒公司”的招牌。“张裕”二字，冠以张姓，取“昌裕兴隆”之意。

◎ 百年大酒窖

张裕公司的百年大酒窖始建于清光绪二十年（1894年），前后建了3次，历时11年才全部完工，素有“亚洲奇观”之称。该酒窖傍海而建，占地2666平方米，里面拱洞连环交错，犹如迷宫一般，一年四季的温度都保持在14摄氏度左右。

1. 亚洲桶王
2. 地下酒窖

1 | 2
1. 张裕葡萄酒原料：赤霞珠
2. 张裕葡萄酒

在大酒窖两旁，放着一排排大小不等的橡木桶，共有148种型号。其中有3只体形硕大的桶，每只桶可储酒15吨，用法国林茂山所产的树龄百年以上的橡木制成。据说制桶前，锯开的桶材都需放置3年，经日晒雨淋，直到寄生出野生山蘑菇，并呈黑色，才能被优选制桶。橡木透气性很强，有利于酒液“呼吸”，还能散发出特殊的香气。这些木桶虽历尽百年沧桑，但依然保存完好，如今已成为珍贵的文物。

◎张裕解百纳

解百纳干红是张裕独创的一款由蛇龙珠、品丽珠、赤霞珠、梅鹿辄等几种名贵葡萄精酿而成的高档葡萄酒。“解百纳”既是赤霞珠的法文“Cabernet Sauvignon”的音译，又有“海纳百川”之意，其命名正好也符合创始人张弼士所倡导的“中西融合”的理念。

解百纳干红拥有迷人的色泽、优雅的香气、醇郁的口感、悠长的余味，是高贵和奢华的象征。自诞生之日起，它就成了张裕的核心子品牌，一直见证着中国葡萄酒业的发展。

39

山西杏花村

企业名称：山西杏花村汾酒集团有限责任公司
注册商标：杏花村
创 始 人：不详
创建年代：不可考
特色产品：青花汾酒、醇柔老白汾、青花瓷汾酒

汾酒产于山西省汾阳市杏花村，因而得名“杏花村酒”。汾酒是清香型白酒的典范，还是中国的传统名酒、最早的国酒，具有入口绵、落口甜、饮后余香、回味悠长的特色，在国内外都有较高的知名度、美誉度和忠诚度。

◎ 名酒始祖

汾酒是我国古老的名酒，曾是南北朝时期的宫廷御酒，北齐武成帝对其格外推崇，后被载入二十四史，汾酒一举成名。“借问酒家何处有，牧童遥指杏花村”，唐代诗人杜牧的一首《清明》成就了汾酒的二次辉煌。1915年，汾酒在巴拿马万国博览会上荣获金奖，汾酒从此驰名中外。

汾酒之名究竟起源于何时尚待考证，但早在1400多年前，汾州便有了“汾清”这个酒名。据《北齐书》记载，武成帝高湛从晋阳写给河南康舒王孝瑜的信中说“吾饮汾清二杯，劝汝于邺酌两杯”；宋《北山酒经》记载“唐时汾州产干酿酒”；《酒名记》中记载“宋代汾州甘露堂最有名”。这3处记载说的都是汾酒。

"酒都"杏花村

◎ 茅台老家在山西

清朝时，有山西盐商曾到贵州经商。当时的交通极为不便，因而盐商就不方便大量携带汾酒。但是山西人又离不开汾酒，于是他们就在贵州用当地的水和玉米、大麦，以汾酒的酿制方法造酒。因贵州的泉水、气候独特，所以生产出的酒别具风味，这便是茅台酒的前身。正是因为茅台酒酿造工艺源于汾酒，所以就有了"茅台老家在山西"的说法。

◎ 七大秘诀酿造工艺

汾酒以晋中平原的"一把抓"高粱为原料，用大麦、豌豆制成糖化发酵剂，采用独特工艺酿造而成。它莹澈透明，清香馥郁，入口香绵、甜润、醇厚、爽利，回味悠长，享誉千载而盛名不衰。这与其造酒的水质、工艺是密不可分的。

杏花村有一口古井，被人们称为"神井"。古井上有一亭，名申明亭。《汾酒曲》中记载：“申明亭畔新淘井，水重依稀亚蟹黄。”注解说：“申明亭井水绝佳，以之酿酒，斤两独重。”明末诗人、书法家傅山曾为申明亭古井题写了“得造花香”4个大字，意指杏花井泉得天独厚，酿出的美酒如同花香般沁人心脾。

1933年，著名的微生物发酵专家方心芳先生到杏花村考察时，把汾酒的酿造工艺归结为“七大秘诀”，即：“人必得其精，水必得其甘，曲必得其时，粱必得其实，具必得其洁，缸必得其湿，火必得其缓。”

1. 汾酒博物馆内的古老酒杯
2. 杏花村酒

40

浙江绍兴女儿红

企业名称：绍兴女儿红酿酒有限公司
注册商标：女儿红
创 始 人：不详
创建年代：不可考
特色产品：女儿红

女儿红，又名“花雕酒”“女儿酒”，是浙江省绍兴市的地方传统名酒，属于发酵酒中的黄酒，用糯米、红糖等发酵而成。古时浙江绍兴一带有“生女必酿女儿酒”的习俗，一般在女儿出生那年酿制。

◎生女必酿女儿酒

在浙江绍兴一带，“生女必酿女儿酒”的习俗流传已久。据清代笔记《浪迹续谈》记载：“最佳者名女儿酒，相传富家养女，初弥月，即开酿数坛，直至此女出门，即以此酒陪嫁……其坛率以彩缋，名曰花雕……”说的是绍兴人家里生了女儿，等到孩子满月时，就会酿酒数坛，将其灌装在有彩绘图案和花纹的坛子里，埋于地下或藏于地窖内，待到女儿出嫁时取出招待客人。因装酒的坛子俗称“花雕”，这酒便被称为“花雕酒”，又名“女儿红”。

关于“女儿红”这个名字，民间还流传着一个故事。从前，绍兴有个裁缝师傅在得知妻子怀孕后极为高兴。他兴奋不已，为此还酿了几坛酒，准备在得子时款待

1. 浙江绍兴女儿红
2. 百年黄酒原液
3. 酒坛

亲朋好友。裁缝盼子心切，然而老婆却生了一个女儿，所以女儿满月时他并未将酒拿出来。那几坛酒一直埋于桂花树下，时间一久他也渐渐忘了此事。

女儿渐渐长大，且生得聪明伶俐，继承了裁缝的手艺。后来，女儿和裁缝的徒弟成亲，他高高兴兴地给女儿办婚事。成亲之日，裁缝宴请宾朋，忽然想起了十几年前埋于桂花树下的几坛酒。于是，他便将酒拿出来请客。一开酒坛，瞬间香气四溢，沁人心脾。这几坛陈酒色浓味醇，加上又是裁缝女儿的大喜之日，于是大家就把它称作“女儿红”。

从此以后，附近人家生了女儿时，便酿酒埋藏，待嫁女时取出请客，渐渐便形成了风俗。

◎ 独具风味

女儿红酒呈琥珀色，透明澄澈，赏心悦目；有诱人的馥郁芳香，且愈陈愈香；口感醇厚甘鲜，令人回味无穷——可谓色、香、味俱佳。它的味道更是别具一格。女儿红将甜、酸、苦、辛、鲜、涩6种口感和谐地融于一体，形成了其不同寻常的“格”，让人喝过以后念念不忘。

此外，女儿红含有大量人体所需的氨基酸，具有丰富的营养价值，有养身之效，因而南方人常在寒冷潮湿的冬天饮用此酒，以增强抵抗力。

古法蒸馏

贵州茅台

企业名称：中国贵州茅台酒厂（集团）有限责任公司
注册商标：茅台
创 始 人：不详
创建年代：不可考
特色产品：汉帝茅台酒、飞天茅台酒、五星茅台酒、茅台王子酒

茅台酒产于贵州省遵义市仁怀茅台镇，是大曲酱香型白酒的鼻祖，被誉为“国酒”。它与苏格兰威士忌、法国科涅克白兰地并称为“世界三大蒸馏名酒”。

◎茅台酒的由来

汉代时，茅台镇一带就有了“枸酱酒”。据《史记》记载：建元六年，汉武帝令唐蒙出使南越，唐蒙尝到了茅台镇所在的仁怀所产的枸酱酒。为取悦武帝，唐蒙绕道鳛部（仁怀一带）取酒，武帝饮后，赞其“甘美”。这里的枸酱酒可以说是茅台酒的雏形。

相传清康熙年间，一个姓贾的山西盐商到茅台镇经商，他觉得当地的酒不好喝，想喝家乡的汾酒，于是从家乡杏花村请了几位酿酒名师，在茅台镇酿制“山西汾酒”。虽然酿制工艺相同，但由于水质、环境、原料等均不同，所以酿制出来的酒别具风味，人们称之为“华茅”。因古字“华”与“花”相通，所以华茅就是“花茅”（杏花茅台）。华茅酒便是茅台酒的前身。

贵州茅台酒

在清代，茅台镇酒业兴旺。清《遵义府志》中有“茅台烧房不下二十家，所费山粮不下二万石”及“仁怀城西茅台村制酒，黔省称第一”的记载。茅台烧、茅台春、茅台烧春、茅春等酒声名鹊起。清康熙四十三年（1704年），偈盛烧房将酒坊所产的酒正式定名为“茅台酒”。

◎雨过开瓶十里香

茅台酒具有酒液纯净透明、酱香突出、醇香馥郁、幽雅细腻、入口柔绵、清冽甘爽、回味悠长、空杯留香持久的特点，有“风来隔壁三家醉，雨过开瓶十里香”之誉。

人们把茅台酒独有的香味称为“茅香”，它是由酱香、窖底香、醇甜三大特殊风味融合而成的。茅台酒在酿制过程中不加半点香料，其香气是在反复发酵的过程中自然形成的。

◎ “三高三长”的酿酒工艺

茅台酒的酿制技艺历经了千年岁月的积淀，具有“三高三长”的特点。

其中的“三高”是指高温制曲、高温堆积发酵、高温馏酒。

茅台酒大曲在发酵过程中温度高达63摄氏度，这样有利于形成耐高温、产香的微生物体系。高温堆积发酵是大曲酱香白酒酿制所独有的酿酒工艺。茅台酒的馏酒温度高达40摄氏度，这有利于形成茅台酒挥发性物质少、高沸点物质多的特殊成分体系。

“三长”是指茅台酒的基酒生产周期长、大曲贮存时间长、基酒酒龄长。

茅台酒的基酒生产周期为1年，须经2次投料、9次蒸馏、8次发酵、7次取酒的过程。其大曲贮存时间长达6个月，这对提高茅台酒基酒质量具有重要作用。茅台酒一般需要贮存3年以上才能勾兑，通过贮存可趋利避害，使酒体更醇香可口。

茅台砾岩

陕西西凤

企业名称：陕西西凤酒股份有限公司
注册商标：西凤
创 始 人：不详
创建年代：不可考
特色产品：酒海陈藏西凤酒、七彩西凤酒、华山论剑西凤酒、国花瓷西凤酒、红西凤

西凤酒，古称“秦酒”“柳林酒”，产于陕西省宝鸡市凤翔县柳林镇，是我国著名的四大老牌名白酒之一。它始于殷商，盛于唐宋，已有3000多年的历史，在唐代即以“醇香典雅、甘润挺爽、诸味协调、尾净悠长”而著称。

◎ 历史渊源

西凤酒雕塑

西凤酒是我国最古老的历史文化名酒之一，产于陕西省凤翔县。凤翔古称雍州，为炎黄文化和周秦文化的发祥地，历来颇具兴农酿酒之地利。这里自古盛产美酒，尤以柳林镇所产之酒为佳。

根据殷商晚期的尹光方

鼎铭文和西周初年的方鼎铭记载，早在3000年前，这里出产的“秦酒”就成了王室御酒。

唐仪凤年间，吏部侍郎裴行俭护送波斯王子回国，行至凤翔县城附近，发现柳林镇窖藏陈酒的香气竟将5里（2500米）地外的蜜蜂、蝴蝶醉倒。他忍不住吟诗赞叹：“送客亭子头，蜂醉蝶不舞。三阳开国泰，美哉柳林酒。”

到了明代，凤翔酿酒业已十分繁荣，境内“烧坊遍地，满城飘香”，过境路人无不“知味停车，闻香下马”。

近代，柳林酒改称“西凤酒”，品质更加醇馥典雅。

◎ 酒中凤凰

西凤酒以粮食、谷物为原料，经固态发酵、蒸馏、贮存、勾兑而成，是我国凤香型白酒的鼻祖和典型代表。它以“醇香典雅、甘润挺爽、诸味协调、尾净悠长”和“不上头、不干喉、回味愉快”的独特风格被世人称颂。

西凤酒素以“多类型香气、多层次风味”而著称，它融合了清香型和浓香型白酒的优点。其酒液清澈透明，清洌甘润，入口甜润、醇厚、丰满，有水果香。

◎ 西凤酒海

西凤酒的储酒方式独一无二，它的储酒容器被称为“酒海”。西凤酒海群保存完整，数量庞大，堪称绝世之作。

酒海是一种用荆条编织而成的大酒篓，一般直径2～2.5米，高约3米。西凤酒海所用的荆条均来自秦岭，酿酒师需在荆条的水分尚未消失殆尽前将其编制成大酒篓。其制作工艺极为繁复，通常一个酒海需要酿酒师花1年的时间精工细作才能完工，而容量更大的酒海则需要两三年的时间。

西凤酿酒师在数百年的储酒技艺传承中，逐渐摸索出了“立春封坛、立夏立窖、秋分开坛、立冬缮海”的最佳使用方法。这样能够令酒海中所储藏的上等原浆得以博采四时之长，吸纳天地光华，提升酒体的老熟速度和质量，去除酒中杂质，令其五味至臻平衡，赋予其特有的香气。

43

四川宜宾五粮液

企业名称：四川省宜宾五粮液集团有限公司

注册商标：五粮液

创 始 人：不详

创建年代：不可考

特色产品：五粮液老酒、五粮特曲、五粮头曲、五粮春、五粮醇、尖庄酒系列

五粮液产于四川省宜宾市，因以优质糯米、大米、高粱、小麦、玉米5种粮食为原料酿制而得名。它以独特的自然生态环境、五粮配方、酿造工艺、明代古窖、中庸品质、十里酒城六大优势，成为当今酒类产品中出类拔萃的珍品。

◎雅俗共赏五粮液

“酒都”宜宾历来为多民族聚居之地，酒文化的历史源远流长。

南北朝时期，这里的彝族人用小麦、青稞等粮食酿制了一种咂酒，开启了采用多种粮食酿酒的先河。

“重碧拈春酒，轻红擘荔枝”，唐代诗人杜甫诗句中出现的“春酒”，便是当地酒坊采用4种粮食酿制而成的。

宋代时，宜宾的姚氏酒坊开始用大豆、大米、高粱、糯米、荞子5种粮食酿酒，其酒质甚美，名为“姚子雪曲”。

明朝初年，宜宾陈氏继承了姚氏产业，并不断改进“姚子雪曲”的酿酒工艺。

五粮液广场

陈氏家族逐渐改善了其配方：糯米、大米各20%，小麦15%，玉米5%，川南高粱40%。这就是历史上的“陈氏秘方”，用该配方酿制出来的酒就是五粮液的前身，当时的下层人士称之为“杂粮酒”。

清宣统元年（1909年），在一次家宴上，举人杨慧泉品尝到了秘方传人邓子均带来的家酿酒。他评论道：“如此佳酿，名为杂粮酒似嫌凡俗，而姚子雪曲虽雅，但不能体现此酒的韵味。此酒是集五粮之精华而成玉液，更名为‘五粮液’雅俗共赏，且顾名可思其义。”此后，“姚子雪曲”便正式更名为“五粮液”。

◎ 独有的五粮配方

一般的白酒是用单一的红粮或两三种粮食为原料酿造，风味单一，五粮液则是集5种粮食之精华，绿色天然，不仅味觉层次丰富，从视觉、嗅觉、味觉上也给人以美感和享受。它用“五粮配方、小麦制曲、人工培窖、双轮低温发酵、量质摘酒、按质拼坛、分级储存、精心勾兑”的独特技术和悠久的传统工艺精酿而成，以“香

酒文化雕塑

气悠久、滋味醇厚、入口甘美、入喉净爽、各味谐调、恰到好处”的风味，让人回味无穷。

◎沿用至今的明代古窖

通常来说，窖池的时间越老，酿出来的酒品质便越好，因而酿酒行业中有“千年老窖万年糟，酒好须得窖池老”之说。

五粮液的明代古窖古色古香、历史悠久，虽历经风雨沧桑，却一直沿用至今。

20世纪60年代，国家文物部门的考古专家通过分析五粮液窖池中出土的碎墙砖，推断出这些窖池为明朝初年所建，至今已有600多年的历史。这16口明代古窖池经几百年的连续使用和不断维护，成为我国现存最早、唯一的地穴式曲酒发酵窖池。

膏方節
方回春堂第十七届
回春堂传统
医膏方制作工艺
入国家级非物质文化遗产

第六章

养生医药

养生医药中华老字号作为世代流传下来的传统文化，不但继承了中国传统医药理论，也融合了现代医学的理念。

44

北京同仁堂

企业名称：中国北京同仁堂（集团）有限责任公司
注册商标：同仁堂
创 始 人：乐显杨
创建年代：清康熙八年（1669年）
特色产品：乌鸡白凤丸、安宫牛黄丸、同仁大活络丸、同仁牛黄清心丸、壮骨药酒

北京同仁堂创建于清康熙八年（1669年），自清雍正元年（1723年）开始供奉御药。历代同仁堂人始终恪守“炮制虽繁必不敢省人工，品味虽贵必不敢减物力”的古训，其产品以“配方独特、选料上乘、工艺精湛、疗效显著”而享誉海内外。

◎ 重质量，严选料

清康熙八年（1669年），乐显杨在北京创办同仁堂药室。

清康熙四十年（1701年），乐显杨之子乐凤鸣恪守父训，在前门外大栅栏路南开设同仁堂药铺。因同仁堂配售的药品疗效显著，在京城逐渐声名鹊起，很快便得到了朝廷的赏识，曾为朝廷承办官药近200年。

乐凤鸣提出了“炮制虽繁必不敢省人工，品味虽贵必不敢减物力”的原则，并把皇家的用药标准与同仁堂选购药材的标准相结合，为同仁堂建立起严格的选方、用药、配比及工艺规范。

北京同仁堂门前的石像

300多年来，同仁堂注重药品质量，按程序精工细作，绝不偷工减料。比如，虎骨酒和再造丸炮制后，不会马上就卖，而是先按规定的时间存放，以减少药的燥气。对于特殊药材，同仁堂还采用特殊办法以保证其上乘的品质。例如，为了保证乌鸡白凤丸的质量标准，同仁堂在北京郊区专门饲养纯种乌鸡，饲料、饮水都严格把关，一旦发现乌鸡的羽毛骨肉稍有变种蜕化即予以淘汰。这种精心喂养的纯种乌鸡质地纯正、气味醇鲜，富含多种氨基酸，用其制作的乌鸡白凤丸质量始终如一。

◎重服务，行仁义

同仁堂历经沧桑，至今仍长盛不衰。在许多老北京人眼里，其命脉就在这个“仁”字上。同仁堂门店装潢讲究，将中医药史展示、中医坐诊与售药相结合，给消费者提供直接了解中药及其文化的环境。它带给消费者的不只是一种产品，还有一种文化——重义、爱人、厚生的文化。

代顾客煎药是同仁堂的传统服务项目之一。每一位在煎药岗位上的操作工都兢兢业业，尽职尽责。20世纪80年代，有一段时间药店每煎一服药就要赔5分钱，但同仁堂为了方便顾客，依然克服困难把这一服务坚持了下来。现在药店平均每年要代顾客煎药近2万服，这一传统举措深受患者和顾客欢迎，为其赢得了良好的口碑。

1984年，曾有一名顾客来同仁堂求购4克天仙藤。店里的售货员收方后连忙为其跑前跑后查找，找到后告诉顾客：“这药4克4厘钱，给你10克，收1分钱。”事后，顾客对同仁堂的服务十分满意，说像同仁堂这样的大药店，仍能保持做好小生意的精神，难能可贵。

1. 北京同仁堂的照壁

2. 古训

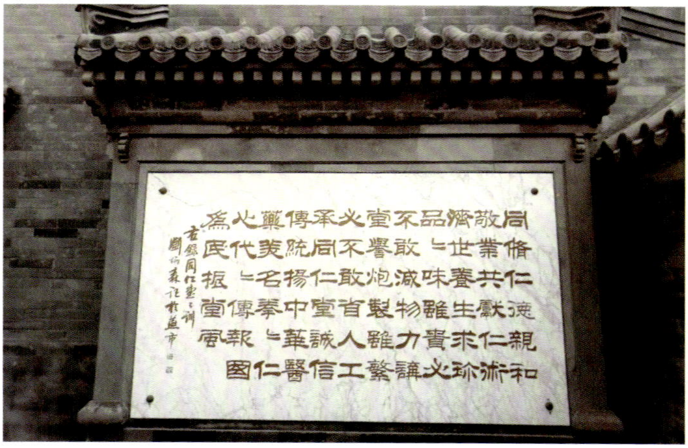

上海蔡同德堂

企业名称：上海蔡同德堂药号

注册商标：蔡同德堂

创 始 人：蔡鸿仪

创建年代：清光绪八年（1882年）

特色产品：精制饮片、参茸银耳、丸散膏丹、胶露药酒

上海蔡同德堂由蔡鸿仪创建于清光绪年间，是国内开业最早、规模最大的中华中药老字号商店。当时全国只此一家，无区域、地域之争。该店以道地药材、精制饮片、参茸银耳、丸散膏丹、胶露药酒等产品驰名中外。

◎货真价实，以德为先

清光绪初年，祖籍浙江宁波的蔡鸿仪继承父业，专做药材生意。由于在汉口经营的药铺不景气，他决定到上海发展。清光绪八年（1882年），他在上海创办了一家药号，取店名为“蔡同德堂”。店名是他借用《泰誓》“予有臣三千，惟一心。予有乱臣十人，同心同德”中的“同心同德”，冠以蔡氏的姓。

蔡同德堂药号选料精良、加工精细、用量准足，且“货真价实，童叟无欺”，因而很快就赢得了顾客的信任，生意兴旺，不断发展壮大。后来它更是与“胡庆余”“童涵春”“雷允上”并称为“旧上海中药四大户”。

近年来，蔡同德堂药号更是凭借高品质的膏方，“小商品、小生意、小病问

上海蔡同德堂正门

询、小料加工”等一系列富于人情味的便民服务举措受到顾客的追捧。在与西药、与同业的竞争中，蔡同德堂砥柱商海中流，撑起了国药的一席之地，铸就上海一块独一无二的老字号品牌。

◎坚守传统工艺

高品质的膏方是蔡同德堂老字号的一个家喻户晓的特色。为了给消费者提供货真价实、品质优良的“放心补膏”，蔡同德堂一直按照传统的熬膏程序进行操作，即坚持“浸、煎、榨、化、滤、熬、收”的熬膏七字诀，每道工序都精益求精。

煎膏前，还要将药材浸泡8小时以上。第一汁用紫铜锅大火煎2小时，把药汁滗出后，再煎第二汁。煎0.5～1小时后，去除药渣，放置一边沉淀，保证药汁纯正、无杂物。

煎膏的最后一步是收膏。这一步最难，也最为关键。煎膏师傅需用撬板不断搅拌，通过“滴水成珠”的方法来判断膏是否煎好。

现在许多地方改用机器煎膏，虽然省时省力，却失去了传统膏方的厚度和口感，许多药材也因没有充分浸透、搅拌而无法煎出优质的药汁，影响了药效。蔡同德堂坚持人工煎膏，慢工出细活，因而其膏方都历经了时间的沉淀，凝聚着煎膏师

中药房

傅的诚心，更体现了百年老店的诚信。

此外，蔡同德堂药号还为顾客提供人工做药丸的便利服务，保留了人工抓药的传统。虽然这些工艺耗时耗力，但在蔡同德堂看来，对传统的传承和坚守，是老字号的职责和使命。

上海蔡同德堂的内部

46

浙江杭州胡庆余堂

企业名称：杭州胡庆余堂国药号有限公司
注册商标：胡庆余堂
创 始 人：胡雪岩
创建年代：清同治十三年（1874年）
特色产品：铁皮枫斗晶、乌鸡白凤丸、蜂胶胶囊、阿胶、珍珠末、小金丸、沉香曲

胡庆余堂由清末“红顶商人”胡雪岩创建。它积淀了深邃的中药文化，被誉为“江南药王”，是全国最具历史风貌、人文特征及观赏价值的中华老字号，也是全国为数不多的双国宝单位之一。

◎江南药王

清同治十三年（1874年），著名的“红顶商人”胡雪岩在杭州清河坊创立了胡庆余堂，其建筑形制宛如栖居于吴山脚下的仙鹤，是国内保存最完好的晚清工商型古建筑群。

从南宋建都临安（今杭州）到明、清两代，清河坊一带形成了一条药铺长廊，这里相继出现了保和堂、朱养心膏药店、胡庆余堂、叶种德堂、方回春堂等著名药铺。胡庆余堂继承了宋代《太平惠民和剂局方》的制药技艺和行业规范，并以此为基础，坚持收集各种古方、验方和秘方。同时，胡庆余堂还结合临床实践经验，精心调制了庆余丸、散、膏、丹、胶、露、油、药酒方等，种类达400余种，并著有专

中药博物馆

书《胡庆余堂雪记丸散全集》。至今，胡庆余堂仍秉承祖传验方和传统制药技术，保留了大批的传统名牌产品。

100多年来，胡庆余堂始终秉承“戒欺”祖训、“真不二价”的经营方针，建立了极高的信誉，被称为“江南药王”，因而民间有“北有同仁堂，南有庆余堂”之说。胡庆余堂积淀了丰富独特的文化，已成为保护、发展、传播中华5000年中药文化精粹的重要场所。

◎ 中药博物馆

胡庆余堂中药博物馆创建在胡庆余堂古建筑群的基础上，是我国唯一的国家级中药专业博物馆。其建筑面积4000多平方米，由陈列展厅、中药手工作坊厅、养生保健门诊、营业厅和药膳餐厅五大部分组成。参观者来到这里，既能博览中国医药宝库的精华，又能观赏胡庆余堂古建筑的风貌。

陈列展厅里展示了中国医药学的发展历史和胡庆余堂现存的各种珍贵的制药文物。在中药手工作坊厅中，老药工会给观众表演精彩的现场手工和中药材切片等操作。参观者甚至可以在兴趣室自己动手，用传统工具体验古代的制药工艺。在养生保健门诊，会有中医药名家为参观者提供各项医药保健服务。营业厅是胡庆余堂对外营业的窗口，参观者可以在这里选购全国各地的地道中药材和胡庆余堂出品的各种中成药产品。药膳餐厅是中药博物馆的一个独特的组成部分，它将中药之功能与中餐之风味科学地结合起来，使人们在品尝美味佳肴的同时，还能防病强身、延年益寿。

浙江杭州方回春堂

企业名称：杭州方回春堂国药馆有限公司

注册商标：方回春堂

创 始 人：方清怡

创建年代：清顺治六年（1649年）

特色产品：小儿回春丸、泰国燕窝、西藏虫草、长白野山参、极品鹿茸、正宗铁皮枫斗

方回春堂已有300余年历史，是中国最古老的国药馆之一。自创立之初，方回春堂就严格遵从古代良方，精选道地药材，精心煎制虎、鹿、龟、驴等补胶，依法炮制各种丸、散、膏、丹，享誉杭州城，名动天下。

方回春堂的牌匾

◎方回春堂的由来

清顺治六年（1649年），钱塘人士方清怡在杭州创办了国药号方回春堂。关于方回春堂的由来，还要从小儿回春丸说起。

方清怡出身中医世家，精通药理，尤其擅长儿科。他制作的小儿回春丸更

方回春堂的院落

是救助了无数患病幼儿，享誉杭州城。

相传方清怡还在新宫桥下住处行医时，有一日，来了两位妇人，其中一位妇人抱着一个双目紧闭、发着高烧的男孩。此前，她们已经看遍了杭州的名医，可男孩的病情一直不见好转。这次她们经人介绍慕名而来。方清怡通过望、闻、问、切及对小孩进行腹部检查后，对这位妇人讲：“孩子是因为消化不良，加上受寒所致，只要好好调治，就会慢慢好起来。”他开了一张小儿驱寒的方子，又给了妇人7粒用蜜蜡封好的药丸，交代了服法。7天之后，钱塘县知县差人将方清怡请到府上面谢。原来，之前那个生病的男孩是知县的孙子。孩子服药后，精神很快好转，病情也逐渐消除了。知县一家非常高兴，要以50两银子来酬谢方清怡。方清怡早就听说知县为官廉正，于是婉言谢绝。知县问起药丸的名称，方清怡说尚未取名。知县便为其写了一张“妙手回春”的横幅，并说：“药丸就叫小儿回春丸吧。”

从此以后，方清怡在杭州城声名鹊起，前来求医的人越来越多，老百姓都赞其“妙手回春，药到病除”。后来，方清怡在清河坊创立了“方回春堂”药号。

◎秉承传统，继往开来

如今的方回春堂（河坊街馆）拥有2500多平方米的经营面积，完整地保留了传统的明清江南特色的建筑风格，由国药馆、国医馆、参茸馆和杏林馆组成。

国医馆是浙江省和杭州市的定点医疗机构，有诊室50余间，名医荟萃。国药馆的药材具有齐、全、精的特点。方回春堂秉承“许可赚钱，不可卖假”的祖训，到药材原产地采集最道地的药材，并收集一些冷僻药材。参茸馆内汇集长白野山参、朝鲜红参、西藏虫草、正宗铁皮枫斗、名贵阿胶、鹿茸、大补酒等补品。

此外，方回春堂还十分注重杭州的传统习俗，每年冬季都会举办“腊八施粥”“方回春堂中医膏方节”“方回春堂参茸节”等活动，赠阅养生手册，赠饮保健茶，赢得了百姓的赞誉。

拱宸桥方回春堂

48

浙江杭州张同泰

企业名称：杭州华东大药房连锁有限公司
注册商标：张同泰
创 始 人：张梅
创建年代：清嘉庆十年（1805年）
特色产品：野山参、梅花鹿茸片、冬虫夏草、铁皮枫斗、云南文山三七、古方秘制阿胶片

张同泰药店由浙江省慈溪人张梅于清嘉庆十年（1805年）创办，比胡庆余堂还要早近70年，是清朝年间的杭州老商号，以其“道地药材”“岐黄正传”闻名遐迩。

◎ 历史渊源

清嘉庆五年（1800年），浙江慈溪人张梅在杭州新宫桥下开设“茂昌药号”。清嘉庆十年（1805年），他收购沈同泰药号后，将药号改名为“张同泰”。张同泰以其道地药材及生产的各种丸、散、膏、丹、药酒在杭州享有盛名，和胡庆余堂、叶种德堂并称为“杭州三大药堂”。

张同泰虽历经沧桑，但恢宏气势尚存。其沿街店面呈原貌，东边的青石墙上有硕大的黑色“张同泰”3字，大门右边竖刻“张同泰道地药材”。张同泰作为杭州现存最古老的国药号之一，是国家第一批老字号企业，同时也是杭州市文物保护单位，中国著名的中药文化基地之一。

张同泰的内部

◎ 立冬煎膏

在江浙沪一带，百姓有冬令进补吃膏方的习惯。按传统习俗，立冬日也是张同泰正式开始熬制膏子的日子，其“中医养生膏方节”也由此开幕。

据张同泰的老药工回忆，每到开炉煎膏之日，张同泰的掌门人会派一队店员身着统一号衣，挑着写有张同泰药号的水桶，专程去西湖取水运回店中制膏，一路吆喝之声不绝于耳，声势之大颇引人注目，成为杭州一道独特的风景。

在此之前，张同泰会备足优质道地药材，通过筛、淘、洗、晒、烘、清炒、蜜炙等传统的炮制方法将药材一一精选加工好后，放入专用的箩筐内，逐一验收，分类入库。

据张同泰“高氏煎膏法”传承人高国强介绍，在膏方节期间，张同泰会延请数十位国家级名老中医现场为市民把脉问诊，并结合每个人的体质、年龄、病史等开具膏方，可谓“一人一方”“量身定做”。张同泰的膏方不但选料讲究道地药材，炮制沿用古法，而且制作加工注重工序完整，因而深受消费者的欢迎和信赖。

张同泰名医馆正门

张同泰的贵重药材——鹿茸片

◎道地药材

张同泰的药材道地正宗，品种齐全，享誉杭州城，其中的参茸、野山参尤为有名。

张同泰野山参的珍贵之处在于，所有野山参均来自长白山脉。野山参是珍贵的绿色天然补品，长白山脉生长的天然野山参更是山参中的珍品。野山参在野外自然生长，日久年深，其特点为参体灵秀，五形俱佳。

49

山东福字牌阿胶

企业名称：山东福胶集团东阿镇阿胶有限公司

注册商标：福字牌

创 始 人：不详

创建年代：1950年

特色产品：福牌阿胶、山东阿胶膏、速溶阿胶冲剂、阿胶参芪酒

福字牌阿胶是山东省济南市平阴县的特产。阿胶又名“傅致胶”“盆覆胶”“驴皮胶”，是以驴皮为主要原料熬炼而成的，有养阴、止血、补虚、润燥之功效，是我国医药宝库中的滋补佳品。

◎ 福字牌阿胶的由来

阿胶自古以来就被誉为“补血圣药”“滋补国宝”。历代《本草》皆将其列为“上品”，我国首部药物学专著《神农本草经》称其“久服，轻身益气”。

清朝咸丰年间，懿贵妃因患有血症而怀胎不保，御医久治无效。户部侍郎陈宗妫知贵妃患病不愈，便上书推荐其老家东阿镇所产的“邓氏树德堂”阿胶。贵妃服用阿胶后，很快病愈并喜得贵子。皇帝龙颜大悦，赐给邓氏树德堂堂主邓发3件礼物：一是赐其“福”字，并封树德堂阿胶为“贡胶”；二是赐其一个手折子；三是赐其一件四品官服黄马褂。

此后，御赐的“福”字便一直为树德堂所用，并成为正宗阿胶的标志。

古法熬制阿胶泥塑

◎阿胶之乡——东阿镇

阿胶因始产于古东阿而得名，据《本草纲目》记载：“阿胶，本经上品，弘景曰：‘出东阿，故名阿胶。’”东阿阿胶在南北朝时期就被定为皇家贡品。据《东阿县志》载：“历代官府县衙，每年都要在阿城岳家庄（古东阿城址）一带征人，用驴皮、阿井水熬成胶，上朝进贡。”

阿胶以驴皮为主要原料，配以绍酒、豆油、冰糖等十几种辅料，再用东阿特有的含多种矿物质的井水熬制而成。目前，熬胶一般选用山东驴皮，这种驴皮大且厚，含胶率高，因而熬制的阿胶质量特别好。优质阿胶色如琥珀，黑如莹漆。据说，真胶佳品必选“小黑驴、白肚皮外加四个小白蹄”的驴，驴还得吃东阿狮耳山之草、饮狼溪河之水长大，在冬至时宰杀，然后用阿井水浸泡、洗净，用桑木炭火熬炼49天，才能取得真胶。

明末清初，东阿的阿胶作坊规模较大的就有邓氏树德堂、涂氏怀德堂、于氏天德堂等10余家，年产阿胶均超千斤。在长期的制胶过程中，他们不断改进阿胶的配方及制作工艺，提高了阿胶的质量，增强了阿胶的疗效，还先后研制了“参茸阿胶”“藏红花阿胶”等新品种。

1950年，邓氏树德堂第五代传人带着“贡胶”技艺，与东阿镇众家制胶老作坊传人，一起投身于国营阿胶厂，即福胶集团的前身。福字牌阿胶继承并发展了东阿镇传统的制胶技艺，形成了独具特色的与现代科学技术相结合的生产流水线和质量监控系统，已成为东阿阿胶的第一品牌。

1. 阿胶块
2. 阿胶膏及原料

山东济南宏济堂

企业名称： 济南宏济堂制药有限责任公司
注册商标： 宏济堂
创 始 人： 乐镜宇
创建年代： 清光绪三十三年（1907年）
特色产品： 人工麝香酮、冠心苏合丸、石斛夜光丸、六味地黄丸、复方西羚解毒片、银翘解毒丸、小儿消食片

济南宏济堂和北京同仁堂同祖同宗，属一脉两支。宏济堂由乐镜宇始创于清光绪年间，迄今已有100多年的历史，素以生产中成药而驰名中外，为济南市现存的罕有的百年企业之一。

牌匾“九天贡胶”

◎沧桑百年宏济堂

清光绪三十三年（1907年），乐镜宇创办济南宏济堂。他是当时同仁堂掌门人乐朴斋的第三房侄子，很有个性。在北京时，他并没有参与同仁堂的经营活动，终日无所事事，但结交了不少朋友，其中有一位叫杨士骧。后

宏济堂博物馆

来，杨士骧出任山东巡抚，委托乐镜宇以府库官银筹办山东官药局。清光绪三十二年（1906年），位于院前大街的山东官药局成立，乐镜宇出任总办。不久后杨士骧被免职，并被调离山东，府库官银被收回，官药局倒闭。清光绪三十三年（1907年），乐镜宇筹还官银，取得了药局的管理权，将其更名为“宏济堂”。

宏济堂虽几经波折，但它以同仁堂的经验为基础，秉承传统精湛工艺，配方独特，选料上乘，坚持“炮制虽繁必不敢省人工，品味虽贵必不敢减物力”的生产原则，逐步赢得了大家的认可。至1934年，宏济堂的产品销量已是北京同仁堂的2/3，成为乐家重要的财源。

100多年来，宏济堂在继承传统工艺的基础上不断提高产品的科技含量，建立了“生产一代、储存一代、开发一代”的产品结构体系，以药品文号多、质量好、技术水平高而闻名遐迩。目前，宏济堂有人工麝香酮、冠心苏合丸、石斛夜光丸、复方西羚解毒片、小儿消食片、六味地黄丸等140多个拥有国家药准字批准文号的产品。

◎ 宏济堂阿胶

因乐氏家族经营的几家药店药品基本相同，乐镜宇便在继承传统中药的同时，大胆创新，另辟蹊径。1909年，他在济南西关东流水街开办宏济堂阿胶厂。他经过多年的潜心研究，改进了阿胶的配方和工艺，制作时加入当归、陈皮、甘草、人参、鹿茸等调味、滋补药料，将原来三昼夜熬制延长为九昼夜精炼，故宏济堂的阿胶又被称为“九天贡胶”。

宏济堂所产的阿胶清香甜润，清除了阿胶原有的腥臭味，很快便成了当时的名品。宏济堂的阿胶种类有“福、禄、寿、财、喜”五字胶和精研、墨锭、极品、亮十六块、亮三十二块、黑十六块等不同型号共12种，年产阿胶5000千克。

1915年，宏济堂阿胶获得巴拿马万国博览会金奖。宏济堂的影响力继续扩大，其产品在畅销中国的同时，还漂洋过海，享誉海外。

宏济堂的牌匾

51

湖南长沙九芝堂

企业名称： 九芝堂股份有限公司

注册商标： 九芝堂

创 始 人： 劳澄

创建年代： 清顺治七年（1650年）

特色产品： 驴胶补血颗粒、斯奇康、浓缩丸、裸花紫株片、足光粉、补肾固齿丸

九芝堂始创于清顺治年间，300多年来，它历经了朝代变迁、时代动荡，始终秉承“九州共济，芝兰同芳”的理念，逐渐成了与北京同仁堂齐名的南药瑰宝。

◎九州同济，芝兰同芳

劳澄本是江苏吴县（今苏州吴中区等）人，工诗善画，精通医术。后来，他从吴县迁至湖广长沙府，居住于坡子街。清顺治七年（1650年），劳澄见时局混乱、民不聊生，便对夫人说：“古人云：不为良相，便为良医，你我夫妻二人不如在此开个药铺，给街坊看病抓药，也算是行善积德。”于是，他就在自家院内开了一家小药铺。后来，劳澄之子劳楫继承了祖业，取其父晚年所绘《天香书屋图》（图中植双桂，桂生九芝）之意，以图中九株灵芝为名，给药铺取名“劳九芝堂”。

劳九芝堂药铺诚信经营，药效神奇，在长沙百姓中有口皆碑，民间至今仍流传着“赵申乔高台射蟒，九芝堂灵药安民”的传说。

在1956年的公私合营中，劳九芝堂药铺合并多家药店，成立了“九芝堂加工

九芝堂的店铺

厂”，劳九芝堂药铺自此跨入了一个崭新的时代，后发展为湖南九芝堂股份有限公司，成了与北京同仁堂齐名的南药瑰宝。

◎ 义烧黄芪

九芝堂人历来以品质为先、以仁德为本，诚信经营。

1938年“文夕大火”后，九芝堂的药材几乎被烧光，基业遭受重创。1939年，劳氏族人在原址搭建起了简易售药处，继续营业。有一次，九芝堂从北方购进了一批黄芪，由于战事吃紧，旱路不通，不得不改水路。等半个月后船到长沙时，满满一船的黄芪都因受潮而长了霉。这件事情的发生，使资金短缺的九芝堂处境更为艰难。当时正是战争时期，药材紧缺，而且将发了霉的黄芪晒干之后再用也不会严重影响其药性。可是，当时的九芝堂经理最终做出了出人意料的决定：将发霉的药材全部烧掉。

为了表示自己的诚意，九芝堂公开了烧黄芪的全过程。整个活动持续了一个多小时，围观者无不动容，被九芝堂诚信为本的精神所折服。

◎南药瑰宝

300多年来对信义仁德的坚守，终于成就了九芝堂“中华老字号”的传世美名。今天的九芝堂已发展成为以长沙为总部，下辖20余家子公司，拥有300多家连锁门店，集生产、销售、科研、健康管理于一体的现代大型医药企业。九芝堂拥有非处方药类（OTC）、处方药类、中药饮片类、大健康类系列产品，其产品不仅令国人十分信赖，还远销海外。

1. 浓缩丸
2. 称药

福建漳州片仔癀

企业名称：漳州片仔癀药业股份有限公司
注册商标：片仔癀
创 始 人：不详
创建年代：不可考
特色产品：片仔癀、片仔癀胶囊、复方片仔癀软膏、复方片仔癀痔疮软膏、片仔癀牌心舒宝片

片仔癀是蜚声中外的名贵中成药，具有清热解毒、凉血化瘀、消肿止痛的功效，是漳州片仔癀药业股份有限公司独家生产的中成药锭剂，其处方、工艺均属国家绝密。

◎ 从太医院到民间的片仔癀

相传，片仔癀是明朝太医院的“御用良药”。李时珍在《本草纲目》中记载：三七产于南方深山中，既稀又贵，以三七入药传入宫廷，再配制成方，用特殊工艺制作成片仔癀，后定为宫廷秘方。然而古籍中并未记载片仔癀的具体配方。

在福建漳州方言中，一切炎症都可称为“癀”，由于该药外形呈条索状，用时切一小片内服或外敷，片刻即可消炎退癀，故名“片仔癀”。

明朝万历年间，宫廷中发生政变。一位闽南籍的太医因不满朝政，便携带一些药方出逃，至璞山岩庙中削发为僧。动乱过后，包括当时太医院的秘方在内的很多宫廷档案都不见了。片仔癀的药方也因上述机缘随这位闽南籍的太医出了宫门。

片仔癀全景

民国时期，漳州的馨范茶庄得到片仔癀的秘方，开始生产“僧帽牌片仔癀”并出售，此时片仔癀才从佛门传到民间。片仔癀虽然消肿退癀的疗效显著，但知道的人很少，所以很长一段时间它都默默无闻。今天我们能见到这一“国宝名药”，实属幸运，而其药方的庐山真面目，至今仍未被全面揭开。

◎国宝名药

漳州片仔癀为棕黄色或灰褐色，有密细纹，可见霉斑，气微香，味苦、微甘，对热毒血瘀所致的急、慢性肝炎，刀、枪、骨折和烧、烫等多种创伤，脓肿、无名肿毒及一切炎症引起的疼痛、发热等，有显著疗效。外科手术后服用此药，能消炎止痛，防止伤口感染，加快愈合。

片仔癀是用麝香、牛黄、三七、蛇胆等多种名贵中药精制而成，其制作技艺成为国家级非物质文化遗产，是国家一级中药保护品种，其特效配方及独特工艺均受国家绝密保护。

片仔癀随着当地华侨“下南洋”而传到世界各地，享誉中外，被国际友人誉为“中国特效抗生素”，海外侨胞、港澳同胞更是称之为“安家之宝”。据说在东南亚地区的华侨中，一些老人重病的时候，家人都会给其服用片仔癀。因为他们认为，如果连片仔癀都无法救治老人，恐怕就真的没有其他办法了，由此可见这一药品在他们心目中的地位。

片仔癀的店铺

第七章

文房用品

文房用品是古代书斋中不可或缺的文具，它们默默地见证了中国传统文化和艺术的发展及传承。

北京一得阁

企业名称： 北京一得阁墨业有限责任公司
注册商标： 一得阁
创 始 人： 谢崧岱
创建年代： 清同治四年（1865年）
特色产品： 北京墨块、八宝印泥、一得阁牌墨汁、中华牌墨汁、特制八宝印泥

北京一得阁以生产墨汁名扬天下，产品畅销神州大地及海外。一得阁墨汁具有墨迹光亮、耐水性强、书写流利、写后易干、不洇纸、永不褪色、适宜拓裱、浓度适中、香味浓厚、四季适用等特点。

清代一得阁墨汁铜皮缸

◎一艺足供天下用，得法多自古人书

中国传统书法与墨有着密切的关系。魏晋时期出现了用漆烟、松烟制作的“墨丸”，后来逐步发展为墨锭。

清同治年间，湖南湘乡人谢崧岱进京赶考，不幸名落孙山。

一得阁的店铺

他深感研墨太费时间，耽误答卷，于是就想制出一种能直接用于书写的墨汁，这样就可以既省时又省力了。接下来，他便悉心研究古人论墨之书，不断尝试。在“屡试屡误、屡误屡悟”之后，他终于以油烟为主料，再加上其他辅料，制成了可以替代墨锭的墨汁。

墨汁研制成功后，清同治四年（1865年），谢崧岱就在北京琉璃厂开设了第一家生产、经营墨汁的店铺，名为“一得阁”，并亲手书写牌匾，悬挂于门前。“一得阁”的店名取自其楹联“一艺足供天下用，得法多自古人书”的首字。他的墨汁一经上市，便受到文人墨客的欢迎，生意兴隆。

谢崧岱去世后，一得阁由其弟子徐洁滨接手经营。在他的掌管下，一得阁的生产、经营规模不断扩大，在天津、上海、西安、郑州等城市先后开设分店，声誉日盛。

◎丰富的产品

一得阁的墨汁以四川高色素炭黑、骨胶、冰片、麝香、苯酚为原材料，运用传统工艺精细加工而成。四川高色素炭黑色深光亮；骨胶具有托浮力，使墨不洇纸；冰片、麝香可令墨汁清香四溢；苯酚具有防腐作用，可使墨汁不腐不臭。

一得阁的墨汁有“油烟”和“松烟”两大类。墨汁可分为五色，即浓、淡、干、湿、黑，或指焦、浓、重、淡、清。

一得阁生产的墨汁实用价值、历史文化价值和科学价值极高，深受书画家的欢迎。

书画创作还离不开印泥。一得阁生产的八宝印泥采用上等朱砂、天然红宝石、珊瑚、珍珠等珍贵材料，以蓖麻油进行调制，具有颜色纯正、印鉴清晰、不怕日晒、不怕火烤、不怕水浸、久存不干、气味清香的特点。

经历了100多年的发展，如今的一得阁拥有一得阁墨汁店和艺苑楼文房四宝商店，不仅销售墨汁、印泥、印台、墨锭等，还经营毛笔、砚台、纸张、字画、古玩等产品。

墨汁瓶

54

北京荣宝斋

企业名称：荣宝斋

注册商标：荣宝斋

创 始 人：张姓浙江人

创建年代：清康熙十一年（1672年）

特色产品：书画、文房用品、木版水印画、文创产品

荣宝斋的前身为“松竹斋”，后更名为“荣宝斋”，取“以文会友，荣名为宝”之意。荣宝斋主要经营文房四宝、书画作品等，拥有“木版水印”和“装裱修复”两项国家级非物质文化遗产技艺。

◎以文会友，荣名为宝

清康熙十一年（1672年），一位在京为官的张姓浙江人，在琉璃厂开办了一家小型南纸店，取名为“松竹斋”。松竹斋主营文房四宝、书画篆刻作品，承办官卷、官折。松竹斋产品注重品质，恪守“诚信为本，货真价实”的原则，因而得到了各省官员的青睐，生意兴隆，在京城极负盛名。清光绪二十年（1894年），“松竹斋”更名为“荣宝斋”，取“以文会友，荣名为宝”之意。

300多年来，荣宝斋在经营主业的同时，还广泛收藏历代书画家的书画珍品，有“民间故宫”之誉。荣宝斋在多年的经营和收藏中，靠真诚与诚信广泛结交书画家、收藏家及文人雅士，“以文会友”，因而又被称为“书画家之家”。著名书画家齐白石、张大千、徐悲鸿、陈半丁、潘天寿、傅抱石、黄胄等人都曾与荣宝斋结下翰墨之缘。

如今，荣宝斋的经营范围不断拓展，已成为集书画经营、文房用品、木版水印、装裱修复、拍卖典当、出版印刷、展览展示等于一体的综合性文化企业，拥有“木版水印”和“装裱修复”两项国家级非物质文化遗产技艺。

荣宝斋的九如楼

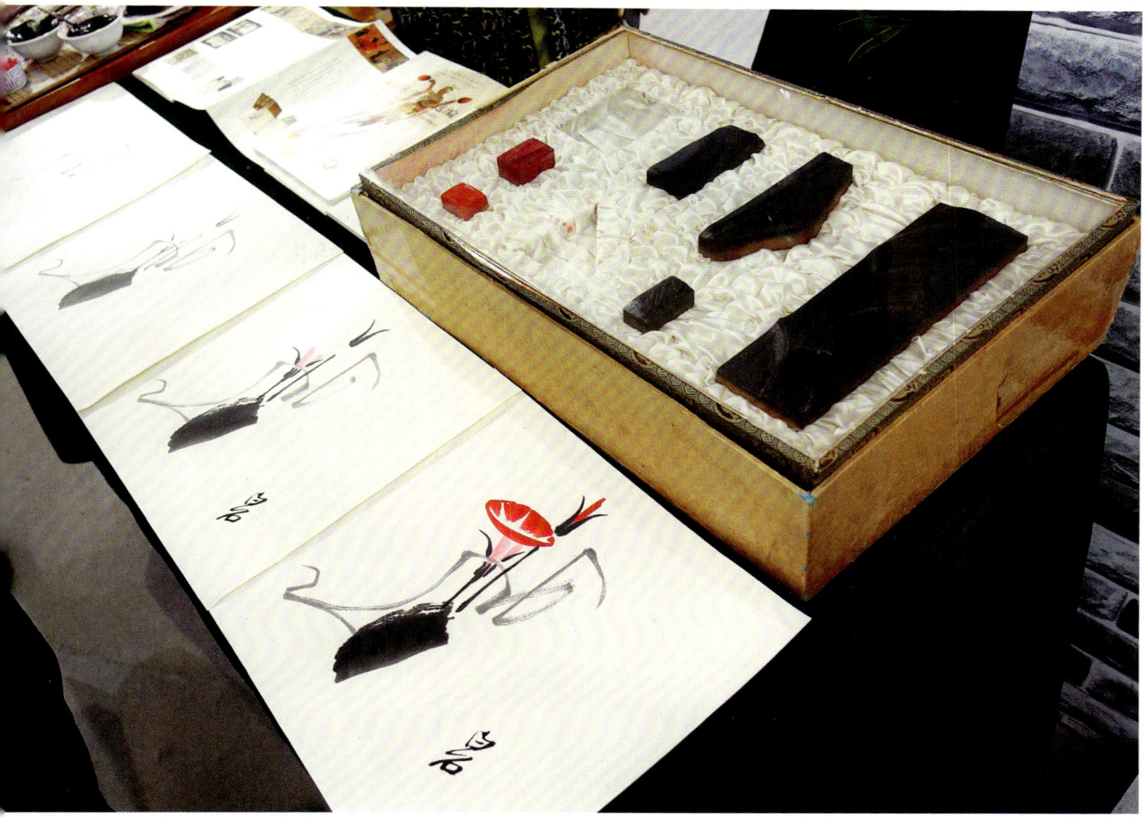

荣宝斋的木版水印画

◎ 荣宝斋的木版水印

木版水印是中国特有的一种古老的手工印刷技术，这种技艺是根据画稿的笔迹、设色，进行分版勾摹，分别刻成若干块木版，然后对照原作，由浅入深逐笔、逐色地依次叠印，力求逼肖原作、精准无误，足可乱真。因此，木版水印有“下真迹一等”的美誉。

木版水印的工艺过程极其复杂，可简单分为选稿、勾描、刻版、刷印、装裱这5道工序，全部由手工操作，每道工序都力求反映原作的笔墨形神。其中勾描和刻版的难度非常大。勾描要求纤毫必见，刻版则是以刀代笔，不仅要依据勾描出的墨线雕刻，还需要领会原作的精神和笔法，灵活掌握走刀力度。完成一幅木版水印画作品，少则数月，多则数年。

1896年，荣宝斋设“荣宝斋帖套作”机构，开创木版水印事业。荣宝斋做的木版水印，代表了中国木版水印的最高水平。其著名的木版水印作品有《韩熙载夜宴图》《奔马图》《簪花仕女图》《踏歌图》《百花齐放》等。

55

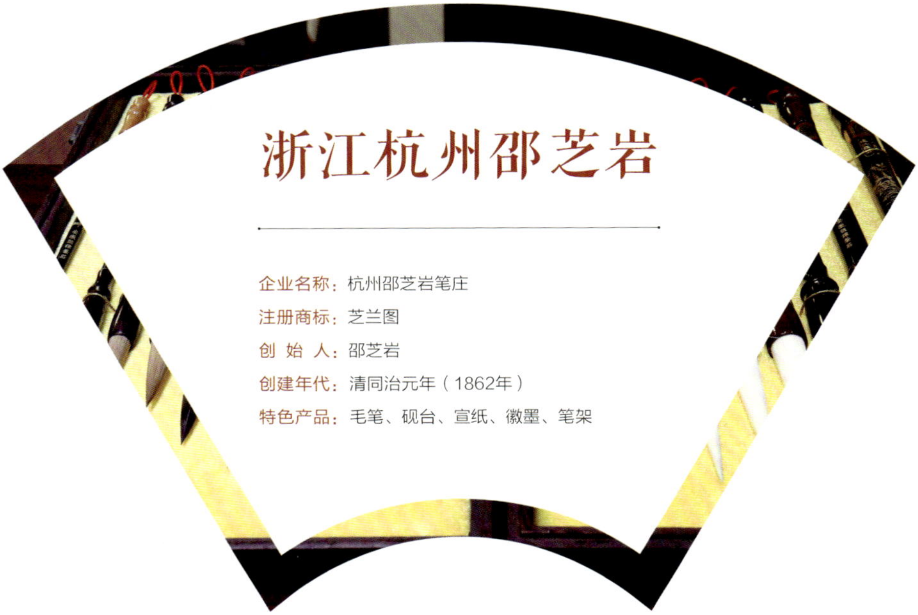

浙江杭州邵芝岩

企业名称：杭州邵芝岩笔庄
注册商标：芝兰图
创 始 人：邵芝岩
创建年代：清同治元年（1862年）
特色产品：毛笔、砚台、宣纸、徽墨、笔架

杭州邵芝岩笔庄是一家生产销售文房四宝的中华老字号企业，为杭州富有书卷气息和专业特色的百年老店。其生产的“芝兰图”牌毛笔，被商务部定为中国六大名牌毛笔之一。

◎ 邵芝岩笔庄

清同治元年（1862年），慈溪人邵芝岩在杭州城闹市区三元坊开了一家名为“粲花宝”的笔店，后以店主名“邵芝岩”为店名。该店为传统的前店后坊模式，设置笔墨工场。为了做出独具特色的毛笔，邵芝岩在制笔时采纳了多方意见，他不仅仔细了解平民对毛笔的需求，而且勇闯深宅大院，造访文人墨客，聆听士大夫们的建议。

邵芝岩笔庄的毛笔选料严格，做工考究，以“尖、齐、圆、健”四绝为特色，不仅为广大群众所喜爱，还深得文人雅士、书画家的赏识，在清朝时被朝廷列为贡品。笔庄精制的“芝兰图”牌毛笔多次获得国际博览会金奖。

邵芝岩的毛笔

邵芝岩笔庄除了供应自产自销的羊毫、狼毫、紫毫和兼毫等多种毛笔外，还经营各种名贵和实用的砚台、宣纸、徽墨、笔架等文具。其产品不仅畅销全国，而且蜚声海外。

邵芝岩笔庄如今依然保留着民国时期的灰木结构建筑，已被列为杭州市历史建筑保护单位。它上下共2层，占地482.73平方米，一楼橱窗里挂着一支长100厘米、直径14厘米、笔头如碗口大的巨型毛笔。

◎在传承中求发展

邵芝岩笔庄在长期的经营中，极为重视产品的质量和信誉。其毛笔制作技艺系纯手工，制作工艺精湛，品质优良，被列入杭州市第一批非物质文化遗产名录。邵芝岩笔庄的毛笔以“选料必精，加工必严”而著称，要经过选毫、梳毛、造型、结头、装套、镶嵌、择笔、刻字等70多道工序，每道主要工序都由技工专司，制作时一丝不苟，力求精益求精。其中以“芝兰图”“特制玉兰芯”“福禄寿喜庆”“极

邵芝岩的砚台

品冬紫毫”“北狼毫”为上品，为杭州文人墨客所称道。

今天的邵芝岩笔庄在秉承传统工艺的同时，又具有浓浓的时代气息。如今毛笔的价值已趋向多元化，除了有实用价值外，还具有艺术价值和收藏价值。因此，邵芝岩笔庄在保持其笔头具备传统工艺和特色的基础上，进一步美化笔杆、笔盒、悬挂件等部分，使产品更加精美、精致，满足人们更高的审美需求。

安徽胡开文墨庄

企业名称：安徽省黄山市屯溪胡开文墨厂

注册商标：胡开文

创 始 人：胡天注

创建年代：清乾隆三十年（1765年）

特色产品：苍佩室、骊龙珠、古瑜麋、千秋光、八宝五胆药墨、龙翔凤舞、地球墨

胡开文墨庄为清代徽墨四大名家之首，其产品具有色泽黑润、历久不褪、舔笔不谬、入纸不晕的特点，是书写、绘画等必不可少的文化佳品。

◎徽墨之首

据《徽州府志》记载，徽墨始创于唐末，当时有“千金易得，李墨难求”之说。

到了清代，徽墨出现了四大名家，即曹素功、汪节庵、汪近圣和胡开文，而胡开文墨庄名列四大墨家之首。

胡开文本名胡天注，徽州绩溪县人。少年时，他便从家乡来到休宁县城汪启茂墨店当学徒。由于干活勤快，不怕吃苦，为人诚实，他深得老板器重，后来还娶了汪启茂的独生女为妻。清乾隆三十年（1765年），他承租屯溪的汪采章墨店，这标志着胡氏墨业的肇始。清乾隆四十七年（1782年），他继承了汪启茂墨店，取当地孔庙内“天开文运”匾额的中间两字，再冠以胡姓，改店名为“胡开文墨庄”，他也因此被称为胡开文。为了制作出高质量的产品，他坚持购买上等原料，聘良工刻

清代开文墨庄的情景

模制墨，后来生意越做越大，渐渐在徽州制墨业中独占鳌头。

◎ 毁墨于一池

据说胡开文之子胡余德曾造出一种不会在水中溶化散色的墨，非常受欢迎。一日，有位游学先生路过休宁，便慕名购买了一袋这种墨。没想到，他过河时不小心摔了一跤，连人带墨都掉进了河里。上岸后，他打开袋子一看，墨经水浸泡后，竟然开始溶化了。游学先生便背着墨回到休宁胡开文墨店找店主理论。胡余德当场查验，并立刻向这位先生道歉，还给了他一袋上等的“苍佩室”墨。此后，胡余德便令所属各店各坊立即停制停售该墨，并将卖出的有问题的墨一并收回。不久后，胡开文墨店将这种墨全部倒入休宁城外的一个池塘中。

如今，曾经的“墨池”早已不见当年的痕迹，但胡开文墨店毁墨于一池的故事，却还在徽州一带流传着。

◎墨质精良，独具特色

如今的胡开文墨庄设有雕模、点烟、制墨、雕刻、晾墨、打磨、描金等10多个工艺车间和一个设备齐全的墨锭理化检测中心，不但保留着古法制墨技术和祖传配方，还拥有7800多个明清以来历代名家创作雕刻的珍贵墨模。

胡开文集各家之长，不断创新，因而造出的墨品质精良、丰肌腻理、落纸如漆、造型新颖。其中，著名的八宝奇珍墨为八锭一套，墨质黑黝坚润，做工精细，造型各异。他还曾以珍贵药材入墨，制成了八宝五胆药墨，被誉为“药墨华佗”。

1. 八宝五胆药墨
2. 徽墨

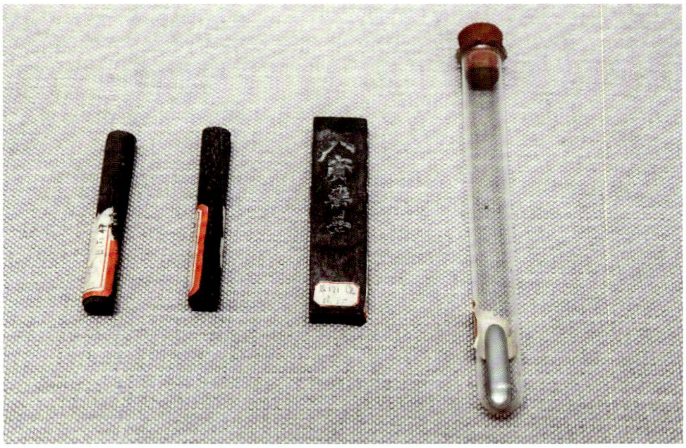

第八章

匠心独具

唯有匠心，方能不负人心。『工匠精神』是一种职业精神，是职业道德、职业能力、职业品质的体现。

57

北京珐琅厂

企业名称：北京市珐琅厂有限责任公司
注册商标：京珐
创 始 人：不详
创建年代：1956年
特色产品：景泰蓝工艺品

北京市珐琅厂有限责任公司的前身是北京市珐琅厂，是国内最大的景泰蓝专业生产经营企业。企业的主打产品为“京珐”牌景泰蓝，代表了我国当代景泰蓝发展的最高水平，引领着景泰蓝的发展方向和潮流。

◎景泰蓝

景泰蓝又称“铜胎掐丝珐琅”，属于宫廷文化的一部分，在明朝景泰年间盛行，有500多年的历史。它采用金、银、铜及多种天然矿物质为原材料，集美术、工艺、雕刻、镶嵌、玻璃熔炼、冶金等技术于一体。景泰蓝古朴典雅，精美华贵，具有鲜明的民族风格和深刻的文化内涵。一件精美的景泰蓝器皿，要在形、纹、色、光4个方面俱佳，即具备良好的造型、优美的装饰花纹、华丽的色彩、辉煌的光泽。

北京是中国景泰蓝的发祥地，也是最为重要的景泰蓝产地。北京景泰蓝造型典雅雄浑，色彩清丽庄重，纹样繁复似锦，具有圆润坚实、细腻工整、金碧辉煌的特色，因而被称为国宝京粹，是最具北京特色的传统手工艺品之一，而且驰名中外。

◎北京市珐琅厂

北京市珐琅厂成立于1956年1月，由42家私营珐琅厂和专为皇宫制作器具的造办处合并而成，于2002年11月改制成为北京市珐琅厂有限责任公司。该公司是全国景泰蓝行业中唯一的中华老字号，也是全国生产经营景泰蓝最具权威的专业企业。

景泰蓝制作雕塑

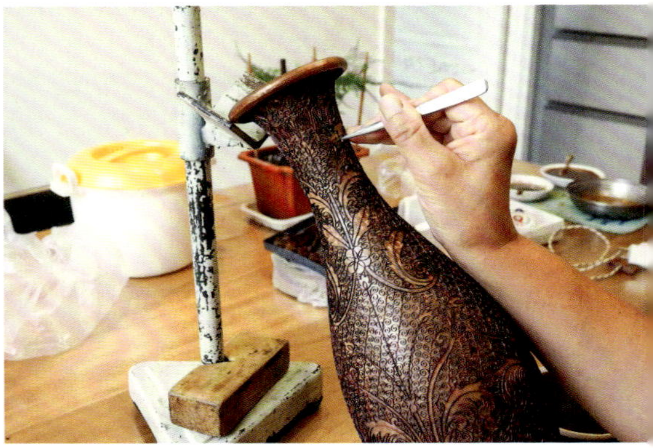

1 | 2
  | 3

1. 景泰蓝罐
2. 上釉
3. 铜胎掐丝

改制后的北京市珐琅厂确立了景泰蓝行业统一的产品质量标准，使景泰蓝的生产逐渐走向科学化管理。它先后培养了众多的专业技术人才，使景泰蓝的制作工艺在继承明清两代传统技法的基础上有了质的飞跃，丰富了产品的造型、纹样、色彩，其工艺质量、艺术水平超过了此前任何一个历史时期。2012年6月，珐琅厂还建成了我国第一个景泰蓝艺术博物馆。

珐琅厂集景泰蓝产品研发制作、工艺展示、精品欣赏、参观购物于一体，是全国最大的景泰蓝研发、生产、销售基地。多年来，珐琅厂以其强大的研发优势、上乘的质量和浓厚的文化艺术氛围享誉国内外市场，形成了著名的“京珐”品牌。此外，珐琅厂还积极探索，拓宽景泰蓝工艺的应用领域，在建筑装饰、城市景观工程等环境艺术装饰方面取得了重大突破。

58

北京中国照相馆

企业名称：北京中国照相馆有限责任公司

注册商标：中国照相馆

创 始 人：吴建屏

创建年代：1937年

特色服务：全家福、儿童照、婚纱照、戏装照、证件照、“社区服务摄影直通车”专项服务

中国照相馆由吴建屏于1937年在上海创立，1956年迁到北京王府井，是“全国照相业十佳企业”，也是全国第一批认定的照相行业的中华老字号企业。

◎ 从上海到北京

1937年，江苏人吴建屏在上海静安寺开了一家照相馆，取名“中国照相馆”。1939年，上海沪光电影院首映《木兰从军》时，吴建屏和电影院联手加工、印制了5万张主演陈云裳不同姿态的照片，赠送给买票的观众。这一做法在当时引起轰动，中国照相馆的名号也由此在上海打响。

1949年后，中国照相馆把服务对象转向工人、农民和解放军，它首创的礼服出租和鲜花专供等服务项目非常受欢迎，生意十分兴隆。1956年公私合营后，为响应周恩来总理“繁荣北京服务业”的号召，中国照相馆决定迁到北京。

16位照相馆的职工带着家人以及馆里的全部设备来到北京后，周恩来总理亲自为中国照相馆选址。1956年9月25日，中国照相馆在王府井大街南口正式营业。

◎ 重焕光彩

20世纪90年代，中国照相馆的业务陷入低谷。为了打破这一局面，中国照相馆尝试改变经营方式，走出店门，开展为老年人免费拍照并赠送照片的活动。正是这项看似冒险的活动让中国照相馆走出了低谷，店里的回头客越来越多。

在新的形势下，中国照相馆充分利用优秀摄影人才，在服务领域不断探索、创新。如今，中国照相馆已从最初的100多平方米发展成为几千平方米的综合照相馆，其服务项目也拓展为婚纱摄影、艺术肖像摄影、广告摄影三大方面，还提供证件照、儿童照、团体照等服务项目。

◎ 永恒的瞬间

半个多世纪以来，中国照相馆以“让微笑成为永恒”为目标，以精湛的技艺和良好的信誉为中外顾客服务，受到包括周总理在内的无数顾客的好评。

1956年10月的一个星期天，在没有通知任何人的情况下，周恩来总理走进了中国照相馆，悄悄挨着其他顾客坐下。照相馆经理发现周总理后，立刻放下手中的活儿，紧紧握住周总理的手，请他先照。周总理却说：“按秩序嘛，谁先来谁先照。”轮到周总理后，摄影师姚经才有些紧张。周总理鼓励他说：“这是你们第一次给我拍照吧，熟悉了就好了。你们是专家，我相信你们一定能照好的。”在周总理真诚的鼓励下，摄影师按下了快门。这幅照片被周总理选为标准像一直使用，后来还被邓颖超定为其遗像照片，堪称中国摄影史上的经典之作。

中国照相馆的店铺

浙江杭州王星记

企业名称：杭州王星记扇业有限公司

注册商标：王星记

创 始 人：王星斋

创建年代：清光绪元年（1875年）

特色产品：黑纸扇、檀香扇、绢扇、白纸扇、羽毛扇、宫团扇、戏剧扇

王星记扇厂的前身是始创于清光绪元年的王星记扇庄，其扇子是中国浙江省杭州市的传统手工艺品，为杭扇的代表，与浙江丝绸、龙井茶并称为“杭产三绝”。

◎ 扇子王国

王星记的宫团扇

清光绪元年（1875年），出身于三代扇业工匠之家的王星斋，与其妻陈英在杭州扇子巷开办了一个家庭制扇作坊。他们制作的高级黑纸扇常被作为杭州特产进贡朝廷，深得宫廷贵族与文人墨客青睐，因而又被称为“贡扇”。

后来，王星斋在上海和北京开了两家分店，前来订货的顾客越来越多。随着业务的增多，生意蒸蒸日上，杭州的制扇作坊也不断扩大，后改

王星记老店

为王星记扇庄。王星斋除了有高超的制扇技艺外，还很善于经营，因而其扇庄逐渐成为杭城扇业三大名庄之一。

清宣统元年（1909年），王星斋之子王子清继承父业。他发扬扇庄的优秀传统，率先以檀香木为材料，以西湖名胜“西泠”“玉带”“双峰”为名制作檀香扇。王子清还抓住了杭州举办西湖博览会的良机，挑选各类精致名扇，参加博览会艺术馆陈列竞赛，加大宣传力度。由于他的精心策划，王星记扇子在博览会期间被选购一空，还接受国外两年订货，自此打开海外销路。王星记扇庄凭借其精良的做工及独特的经营，从众多扇店中脱颖而出，成为杭扇的代表和佼佼者，1949年后发展为王星记扇厂。

经历了100多年的风雨沧桑，杭州王星记扇厂已成为中国制扇业中产量最大、花色品种最多的一家综合性扇厂，被人们誉为“扇子王国”。

◎ 杭州雅扇

杭州是中国的制扇名城，自古就有“杭州雅扇”之说。王星记扇厂的扇子在选材、做工方面十分考究，每把扇子都要经过糊面、折面、上色、整形等16道工序。其产品种类有檀香扇、黑纸扇、绢扇、白纸扇、羽毛扇、宫团扇、戏剧扇等，其中以檀香扇和黑纸扇最为著名。

檀香扇是以印度产檀香木为原料制作而成的，保存数十年依然香味幽雅，有“扇在香存”之誉。

黑纸扇是王星记的传统名扇，它以棕竹和桑皮纸为材料，经过制骨、糊面、折面、上色、磨砂、整形等80多道工序方能完成。黑纸扇花纹美丽，质地绵韧，色泽乌黑透光，雨淋不透，日晒不翘，经久耐用，历来有“一把扇子半把伞”之誉。据说毛泽东主席就非常喜欢黑纸扇，有一把王星记的扇子他差不多用了20年。

王星记的檀香扇

第九章

衣妆穿戴

服饰是人类跨入文明门槛的标志，服饰老字号则是传承服饰文化的载体，助推着服饰文化遗产的保护和传承。

60

北京内联升

企业名称： 北京内联升鞋业有限公司

注册商标： 内联升

创 始 人： 赵廷

创建年代： 清咸丰三年（1853年）

特色产品： 千层底布鞋、手绘鞋、婚鞋、童鞋

北京内联升鞋业有限公司始创于清咸丰年间，坐落在繁华的前门大栅栏商业街，以生产制作千层底布鞋而闻名中外，是目前国内规模最大的手工制作布鞋的生产企业。

◎ 专做朝靴的鞋店

天津武清县（今武清区）人赵廷早年在京城一家制鞋作坊做学徒，在积累了一定的人脉和经验后，便想自立门户。清咸丰三年（1853年），赵廷在京城一位人称“丁大将军”的贵人的入股资助下，创办了内联升靴鞋店，专为皇亲国戚、朝廷文武百官制作朝靴。

“内联升”的字号有来头。“内”指大内宫廷；“联升”寓意顾客穿上此店制作的朝靴，可在朝廷官运亨通，连升三级。过去老北京人有句口头禅：头顶马聚源，脚踩内联升，身穿八大祥，腰缠四大恒。可见穿上内联升做的鞋，是对身份的一种炫耀。

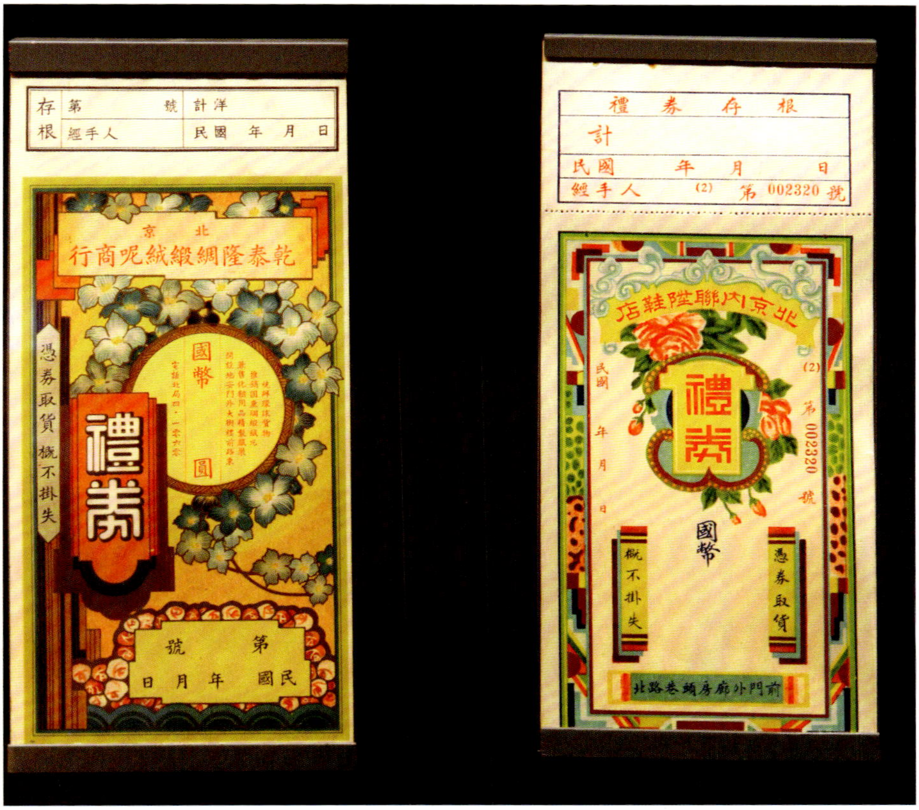

老礼券

◎顾客至上

内联升以制作朝靴起家，其产品全部为手工制作，主打千层底布鞋，鞋底厚达32层，每平方寸（约11平方厘米）有81～100针，针码均匀。

内联升在经营中不仅重视产品质量，而且善于维护客户关系。对于来店做鞋的顾客，内联升都会详细记录其靴鞋尺寸、爱好式样等信息，并将其汇编成册，这便是中国最早的“客户关系管理档案”——《履中备载》。如文武官员再次买鞋，只要派人告知，内联升便可根据其留下的信息，按要求迅速做好送去。如今，鞋店的服务对象变成了普通百姓，但其“顾客至上、童叟无欺”的经营理念始终未变。对于有特殊需求的顾客，内联升也会详细记录其鞋的尺寸及要求，为顾客定做满意的鞋子。

中华人民共和国成立后，内联升转变观念，扩大经营方向，增加了女鞋、解放鞋等种类，但其依然主打千层底布鞋，该鞋也成了北京的名牌产品，畅销全国。

◎时尚回归

如今的内联升总店营业面积1700多平方米，外观金碧辉煌、古色古香，店堂悬挂宫灯，具有鲜明的民族特色。而内联升的布鞋，则在坚持传统特色的基础上，多了一些时尚元素，开始得到时尚界的青睐。这得益于内联升近年来进行的诸多转型尝试。内联升坚持与时俱进，不断创新。它广泛邀请年轻的时尚设计师为其做设计，将多种文化元素呈现在布鞋上。如今，内联升在都市繁华街区以新潮形象亮相，明确回归创始之初的时尚定位。

正如内联升鞋业副总经理程旭所说：“内联升这个品牌在它创立之初就代表着时尚。有身份、时髦的人才会穿内联升的朝靴，我们现在也要回归到这个品牌创立之初的定位。”

1 | 2

1. 朝靴
2. 布鞋

61

北京瑞蚨祥

企业名称：北京瑞蚨祥绸布店有限责任公司

注册商标：瑞蚨祥

创 始 人：孟传珊

创建年代：清同治元年（1862年）

特色产品：绸缎、呢绒、棉布、皮货、化纤、民族服装服饰、蚕丝被

北京瑞蚨祥绸布店是享誉海内外的中华老字号，为旧京城“八大祥”之首。如今的瑞蚨祥秉承百年制作工艺，以产品定制为核心，经营范围涉及服装、配饰、皮草、家纺等多个领域。

◎ 品牌含义

“瑞蚨祥”店名中的“蚨”是古代传说中一种外形似蝉、可以带来金钱的昆虫，也是铜钱的别称。晋代《搜神记》中曾记载了“青蚨还钱”的典故。传说青蚨生子，母子分离后必会聚回一处。用青蚨母虫的血涂遍81枚钱币，再取子虫的血涂遍另外81枚钱币，如果用涂了母血的钱币去买东西，将涂了子血的钱币放在家中，不久后，之前花掉的钱会奇迹般地一个个飞回来，反之亦然。

店名中的“蚨”便是取青蚨还钱的寓意。“瑞”字是瑞气的象征。“祥”字，一是寓意吉祥，二是店主乃山东省旧军孟家，所开店铺均是祥字号。所以，“瑞蚨祥”就是瑞气吉祥、财源茂盛的意思。

北京瑞蚨祥的外景

◎ 丝绸业及手工缝制行业的先锋

清同治元年（1862年），章丘人孟传珊在济南开了一家土布店，字号为“瑞蚨祥”。随着经营规模的扩大，他开始到上海、青岛、天津等地设立分店。清光绪十九年（1893年），当时的瑞蚨祥掌门人孟洛川在京城大栅栏成立北京瑞蚨祥绸布店，增加了绫罗绸缎、呢绒、皮货等高档商品。民国初年，瑞蚨祥已成为北京最大的绸布店，拥有5个字号。

百余年来，瑞蚨祥一直以货品齐全纯正、花色新颖、货真价实著称，在丝绸业及手工缝制行业中处于领先地位。瑞蚨祥主要经营丝绸、呢绒、棉布、皮货、中式服装等业务，此外还提供旗袍定制和蚕丝被制作服务。瑞蚨祥以产品定制为核心，自行设计花样，从选料到成品制作的每一步都精益求精，坚持“一条龙”服务。瑞蚨祥的旗袍在遵循传统制作技艺的镶、绲、拼、盘、贴、荡等的同时，又增加了手工刺绣等技艺，选料精良，剪裁得体，绲边讲究，盘扣精美，充分体现了东方女性和中国丝绸特有的风韵美。

◎ 中西合璧的店铺

北京瑞蚨祥绸布店所在的楼建于1923年，面积3520平方米，高度约为11米，基本保持了原来的传统风貌。该建筑中西合璧，是平房与楼房相结合的新型四合院格局，其平面布局为中国传统的四合院式，临街的建筑则为楼房。其临街建筑现为营业楼，共3层。该楼的东西两侧有两座对称的4层方形塔楼，借鉴了西方教堂的建筑形式，而塔楼的最高一层却是中国传统的有着四角攒尖顶的四方亭。

1. 老账本和尺子
2. 织绸雕塑

北京步瀛斋

企业名称：北京步瀛斋鞋帽有限责任公司

注册商标：步瀛斋

创 始 人：清朝官员李氏

创建年代：清咸丰八年（1858年）

特色产品：千层底、缎面绣花布鞋、棉花篓、股子皮双脸鞔鞋、便鞋

步瀛斋鞋店位于北京前门大栅栏商业街，始创于清咸丰年间，以制作、经营布鞋而驰名中外，服务对象既有达官显贵，也有平民百姓。

◎ 举足而入瀛洲，信步而遍瀛海

清咸丰八年（1858年），一位在朝为官的李姓人士在前门大栅栏开了家“步瀛斋”鞋店。“步瀛”二字优雅，具有浓厚的书香气息，更有“举足而入瀛洲（仙境），信步而遍瀛海（世界）”的气势。这个名字一方面表达了创始人“生意兴隆通四海”的愿望，另一方面也表达了其对顾客的祝福：穿上店里的鞋，可足下生辉，平步青云，步入仙境。由此可见，这个老字号在创立之初就有着深厚的文化底蕴，这也是一种源远流长的商业文化的体现。

步瀛斋的店铺

◎ 敬业乐群，诚信待客

步瀛斋鞋店为传统的前店后厂格局，以“敬业乐群，诚信待客”为宗旨，秉承传统手工工艺，制作和销售布鞋。最初的服务对象为上流社会的达官贵人，随着社会的发展，其服务对象也由达官贵人扩展至平民百姓。此时，步瀛斋仅靠手工制作布鞋已满足不了市场的需求。因而从20世纪30年代起，它就开始从上海等南方城市进购皮鞋，成为京城最早经营皮鞋的专业鞋店之一。如此一来，店里的鞋南北荟萃，布鞋、皮鞋、便鞋一应俱全，步瀛斋由此在京城鞋业中名声大振，很多顾客纷纷慕名而来。

◎ 产品布局

步瀛斋的鞋种类繁多，品种齐全，质量上乘，款式新颖。布底轻便舒适，皮底挺括气派，皮面胶底既有皮鞋之美又有布鞋之便，而冬令棉鞋素有艺术品之美称。

店里手工制作的千层底、缎面绣花布鞋选料考究，做工精细；“棉花篓”鞋暖和实用，深受老年人的喜欢；股子皮双脸鞔鞋耐磨禁穿，极适合脚力、车夫。

做布鞋时，从准备制袼褙的白布、纳底的麻绳，到配帮、绷楦、烘干等工序，步瀛斋皆是层层把关，一丝不苟。

千层底布鞋是步瀛斋的传统产品，其做工尤其讲究：每平方寸81～100针的鞋底全靠人工一针一针地纳，而且要求针眼横平竖直，这样才能确保千层底不走样、不变形，穿着吸汗、柔软、舒适。

如今，步瀛斋除自产自销传统布鞋、绣花鞋以外，还汇集了全国各省、市生产的优质男女皮鞋、精制运动鞋、新潮鞋、休闲鞋、拖鞋和童鞋等数千个品种。

选购鞋子的客人

63

北京盛锡福

企业名称：北京盛锡福帽业有限责任公司

注册商标：盛锡福

创 始 人：刘锡三

创建年代：1911年

特色产品：礼帽、鸭舌帽、时装帽、皮帽、羊绒毛毡帽、呢子帽、马猴帽、童帽、草帽

北京盛锡福帽店始创于1911年，源于天津盛锡福帽店，是北京著名的中华老字号企业。盛锡福帽子以其用料考究、手工制作、做工精细、品质优良而著称于世，产品用料有裘皮、皮革、毡呢、针织、麻草等，畅销海内外。

◎ 从制作草帽开始创业

盛锡福帽店的创办人为刘占恩，号锡三，山东省掖县（今山东莱州）沙河镇人。有一年，因家乡受灾，他便到青岛市一家饭店打杂，后又到一家洋行做业务员。在洋行期间，他负责下乡收购草帽辫，用于制作草帽。几年后，刘锡三对草帽辫的优劣、品种和产地，以及草帽的制作等情况都非常了解，就想自己创业。

1911年，他同友人合资在天津估衣街开办了盛聚福帽店，生意兴隆。后因与友人产生矛盾，刘锡三便独自经营盛聚福。他将小店迁址，并改店名为“盛锡福”。店名里的“盛”寓意买卖兴盛，“锡”“福”二字则取自其大名和小名（刘锡三小名“来福”），有“祝福吉祥”之意。

蓝宝石水貂帽

盛锡福的帽子质量好、式样新，因而在天津帽业中迅速脱颖而出。随着销路的扩大，刘锡三开始在各地开设分店。北京王府井大街的盛锡福帽店，就是他于1937年开设的分号。

◎ 开拓创新

盛锡福品牌的成功，在很大程度上得益于刘锡三的开拓精神和创新意识。

民国初年，人们在剪去长辫、摘下瓜皮小帽、脱去长衫之后，急需新式服饰、鞋帽。刘锡三抓住良机，推出了轻巧美观的巴拿马草帽和英、法、美式呢帽，大受欢迎。

在北京开了分店后，为了能在市场

1 | 2

1. 盛锡福的店铺

2. 皮质漆绘帽盒

上脱颖而出，盛锡福独家推出了小丝边新式平檐毡帽、老式毡帽、鹅绒帽、拉檐女毡帽、法式女毡帽等四季时帽，而同行的帽店出售的仍是一些旧式帽子，因而盛锡福很快便顾客盈门。

为了将盛锡福做大做强，刘锡三不惜重金从国外进口先进的设备，并聘请制帽技师，还数次派人到日本学习考察。

◎ 不一样的皮帽

盛锡福帽店被誉为中国的“帽子大王”，它曾为毛泽东、周恩来、刘少奇等国家领导人及外国元首制帽。

盛锡福的皮帽制作形成了一套严格、讲究而复杂的制作工艺，有几十道工序。每道工序都精益求精、精工细作，如配活儿时要求毛的倒向、长短、粗细、密度、颜色、软硬都要一致；裁制皮毛时讲究刀法千变万化、应用灵活；缝制时要求顶子圆、吃头均、缝头匀；等等。

正是这些复杂而又严格的制作工艺成就了盛锡福皮帽外形美观、考究精致、轻软舒适的品质，使其广受消费者的青睐。

64

天津老美华

企业名称：天津老美华鞋店有限责任公司

注册商标：老美华

创 始 人：庞鹤年

创建年代：1911年

特色产品：坤尖鞋、缎鞋、绣花鞋、骆驼鞍鞋、杭元鞋

天津老美华鞋店创建于1911年，起初专营缠足鞋，填补了当时的鞋业空白。后来该店在继续经营传统产品的同时，又根据顾客的需求，生产了许多舒适合脚、美观大方、轻软耐磨的便鞋，深受各阶层中老年客户的欢迎。

◎ 品牌文化

1911年，天津宜兴阜人庞鹤年在天津南市口开了一家鞋店，店铺共3层，名为“老美华”，取自其姑姑庞美华的名字。庞鹤年经过调查后发现，市面上有皮鞋、布鞋、缎面鞋及胶鞋等，唯独没有小脚鞋，因此他决定专营适合缠足妇女穿的坤尖鞋、缎鞋、绣花鞋及缠足鞋。

鞋店开张后，庞鹤年对员工要求严格：店员要保持站姿端正，前不靠货柜，后不倚货架；在售货过程中肩上的掸子要保持一动不动。同时他还要求店员一周一理发，两天一刮胡子，三天一洗大褂，做到精气神十足，待客主动热情。遇到定做鞋的顾客，店员就在一楼画样，三楼制作，并且送货到家。

天津老美华的正门

随着时代的发展，老美华在继承传统的同时，还生产呢子面、骆驼鞍鞋、牛筋底猪皮鞋等舒适合脚、美观大方的各式便鞋。多年来，老美华以“解决消费者的需求，方便购买”为宗旨，开设邮购业务，以留姓名、留地址、留款式、留尺寸的方式，为全国各地及海外中老年消费者邮寄鞋达3000多双。

◎ 制鞋工艺

庞鹤年极为重视商品质量，老美华手工制作的鞋面均采用“瑞蚨祥”的好面料，千层底的制作更是讲究。首先，原料选用新白布，再手工搓麻、纳底、签边。鞋底每平方寸要纳81针，夏季用安徽苎麻纳底，冬季则用张家口油麻纳底。严格遵循“鞋底不差针，纳线要挺实，鞋垫要缝匀，绱鞋针脚齐”的原则。纳好的底码还要在大缸里用60摄氏度的水浸透，密封24小时，增加牢度；起缸后再用木槌矫正鞋底形状，晒干或烘干。

俗称“三寸金莲”的坤尖鞋有青缎、粉缎、白缎、红缎等颜色，其底部如弓状，制作难度较大，需要50余道工序，特别是缝制尖头的前三针至关重要，一定要平整，不能出“包柳”，否则鞋的后跟就会歪。

绣花鞋在制作时融合了刺绣艺术，鞋的缎面一般会绣一些“喜鹊登梅”、牡丹、菊花等表示吉祥如意的图案，鞋面配色明快、和谐，针码均匀。

除此之外，老美华还有一套严格的验鞋标准。以反绱鞋为例，成品检验标准概括起来是“一正、二要、三不准、四净、五平、六一样、七必须、八一定”。

1 | 2

1. 老美华的木雕画
2. 老美华的店招

65

上海恒源祥

企业名称：恒源祥（集团）有限公司
注册商标：恒源祥
创 始 人：沈莱舟
创建年代：1927年
特色产品：绒线、针织、服饰、家纺

恒源祥始创于1927年，是目前全球最大的绒线制造商，也是专注于品牌经营的高新技术企业。目前，恒源祥的业务涉及家纺、针织、服饰三大产业板快，拥有十几家生产工厂及先进的服饰生产流水线设备。

◎ “恒罗百货，源发千祥”

1927年夏天，在一阵喜庆的鞭炮声中，上海四马路（今福建路、山东路附近）上一家挂着“恒源祥”匾额的洋杂百货店开张了。鞭炮的烟雾慢慢散去，来自苏州东山的老板沈莱舟一脸笑容，把前来捧场的顾客让进那并不算宽敞的店堂里。当时的恒源祥主要做绒线和人造丝的生意。谁都不曾料到，就是这间小小的门店，会成为日后上海乃至全国首屈一指的“绒线大王”。

中国人向来对招牌用字格外讲究。“恒源祥”这3个字取自“恒罗百货，源发千祥”这副对联。恒，取其恒古常青之意；源，寓意源流绵长；祥，代表吉祥如意。“恒源祥”3个字饱含着品牌创始人——沈莱舟的希冀和憧憬。

◎敢为天下先，终成天下先

恒源祥从开创至今，已经有近百年的历史。作为蜚声中外的上海老字号品牌，恒源祥可与北京同仁堂、天津狗不理相媲美。然而，与其他老字号依靠几代人慢慢积累口碑的做法不同，恒源祥从创立之初就走出了不同的发展道路——它开创了中国以现代商业营销模式打造本土品牌的历史。

沈莱舟非常具有商业头脑，他能够敏锐地捕捉人们的消费喜好和市场的流行元素。就拿店面的装修来说，通常本土品牌都会从传统观念出发，在装修上突出历史传承的厚重感，而沈莱舟却偏偏独辟蹊径——他把店铺沿街一面的墙打开，装上了通透的大玻璃窗，又把各种颜色、各种粗细的绒线摆在透明的玻璃柜台里，整个店

毛线店内的恒源祥吉祥物

铺的装修风格现代感十足。此外，他还用当时上海最流行的霓虹灯装点门面，使整个店堂灯火通明，闪烁着引领时尚的光芒。

不但如此，沈莱舟还请来风靡上海的电影明星上官云珠、周璇、白杨等给恒源祥当模特，让她们试穿用恒源祥的绒线织成的毛衣。每每此时，来自四面八方的顾客就会把小小的店铺围得水泄不通。明星效应被沈莱舟娴熟地应用在自己的品牌打造上，可以说，他是中国历史上第一个把影视明星的广告价值跟本土品牌的运营结合起来的人。

敢为天下先，终成天下先。为了让“恒源祥”这个品牌家喻户晓，沈莱舟打破常规，陆续推出了很多令人惊叹的营销手法和新产品。中国新商人的创新精神在沈莱舟的身上体现得淋漓尽致。

第十章

脂粉首饰

女为悦己者容。脂粉首饰老字号的发展展现了中国女性对于美的追求和向往。

66

江苏扬州谢馥春

企业名称：江苏谢馥春国妆股份有限公司

注册商标：谢馥春

创 始 人：谢宏业

创建年代：清道光十年（1830年）

特色产品：鸭蛋粉、桂花油、冰麝油、香件

谢馥春始创于清道光年间，是扬州一家知名的化妆品品牌，也是中国化妆品业的始祖之一。谢馥春既有深厚的历史积淀，又充满现代朝气，其产品具有东方化、功效化、天然化、人文化的特色。

◎ 品牌历史

清道光十年（1830年），扬州人谢宏业在下铺街开了一家香粉店，取名“谢馥春香粉铺”。“谢”为店主之姓，有凋零衰败之意，故加了“馥春”二字。“馥”字意为馥郁芬芳，且与“复”谐音，与“春”字相连，既寓回春之意，又指用了香粉后可青春永驻。

香粉店主要经营香粉、藏香、香件、头油等产品，不久便迁到了更繁华的徐凝门外码头附近，生意日渐红火。谢馥春香粉店不断发展壮大，逐渐与当地香粉名店戴春林、薛天锡形成了三足鼎立之势。清末，戴春林、薛天锡两家因后继无人先后歇业。谢馥春聘请了原戴春林的技术工人，集三家工艺之长，自此一枝独秀，名扬大江南北。

谢馥春历代传人一直遵循以诚信为本、以质量取胜的经商之道。1913年，谢馥春还打赢了中国历史上的第一宗商标侵权官司，那些假冒伪劣效仿者只能望“牌”兴叹了。1915年，谢馥春获得巴拿马万国博览会银奖，成为当时著名的国际化妆品品牌。

◎ 谢馥春“三绝”

谢馥春在制作香料时巧妙地结合中草药材的药用功能，形成了独特的风格，其主打的“香、粉、油”被称为谢馥春“三绝”。

香囊、香珠、香串等香件被誉称“东方固体香水”，是以川贝子、大黄、丁香等为原料，以蜂蜜、白芨、米粉为黏合剂，以朱砂为色素制成的。这些香件芳香馥郁，除供人玩赏外，还可治无名肿毒，启七窍，止昏厥。

谢馥春的香粉精选米粉、豆粉等天然原料，经鲜花熏染，采用冰麝定香工艺精制而成，既有花香，又有定妆、保健的作用，因其形似鸭蛋，又被称为鸭蛋粉。

桂花油、冰麝油以山茶、白芷、辛夷、桂皮等10多味中草药精制而成，具有生发、乌发之效。

谢馥春的外景

谢馥春里的雕塑

谢馥春的鸭蛋粉

◎具有东方特色的香粉

元、明两代就有了“天下香粉，莫如扬州”之说。清康熙年间，扬州香粉为清廷贡粉，被百姓称为“宫粉”，民间还有“扬州出美女，源自谢馥春”之说。

谢馥春的香粉融合了中草药的药用功能，具有轻、红、白、香的特点，使用后可使皮肤白里泛红、红白相映，有美容养颜、祛斑除皱的功效，具有天然化、功效化、人性化的东方特色。

浙江杭州孔凤春

企业名称：杭州孔凤春化妆品有限公司
注册商标：孔凤春
创 始 人：孔传鸿
创建年代：清同治元年（1862年）
特色产品：鹅蛋粉、孔凤春莲花霜、玉堂粉扑、孔凤春珍珠霜、孔凤春高蛋白美容霜

孔凤春始创于清同治元年（1862年），是化妆品行业中首屈一指的中华老字号。孔凤春的香粉芳香扑鼻，久留不散，清新自然，品性大异凡卉，不同流俗，能泽肤润面，令肌肤细腻爽滑。

◎凤雀托梦

清同治元年（1862年），孔传鸿、孔传珍和孔传福兄弟在杭州河坊街开了一家“孔记香粉店”。据说孔传鸿是卖“刨花”起家的。还没开店时，他经常背着货架走街串巷卖刨花。刨花是从榆木上刨下来的薄片，具有丰富的胶汁。旧时妇女梳头必用的刨花水就是用清水浸泡刨花制成的。孔传鸿的刨花质量上乘，再加上他做生意童叟无欺、价格公道，因而很快就攒下了开店的钱。

孔传鸿在家中排行老二，老大孔传珍会木工，老三孔传福会染坊手艺。兄弟三人合伙开店后，自产自销，经营香粉、胭脂等闺中雅物。

香粉店开张后，生意很不错，但常常有顾客说“店虽雅，号却俗之”。说的人

民国铁盒

多了，三兄弟着实苦恼不已。

一日午后，孔传鸿像往常一样伏案午睡，恍恍惚惚中，仿佛看见一对孔雀和凤凰凌空飞来、翩翩起舞，像是前来祝贺开店大吉。孔传鸿醒来后大喜，受梦境启发，遂将店名改为“孔凤春香粉店”，并立刻请人书写“孔凤春”3个大字，制成牌匾。孔雀、凤凰都是吉祥之物，“孔”又是其姓氏，“春”字寓意万物复苏、生机勃勃。

◎“杭粉”的代表

孔凤春的香粉用料考究、制作精细、细腻爽滑，再加上三兄弟经营得当，因而很快便在商铺林立的河坊街声名鹊起。

鹅蛋粉因状如鹅蛋而得名，是店铺的招牌产品，誉满杭城。它以吴兴石粉、钛白粉为原料，经多次漂洗、沉淀、过滤后加入蛋清、花粉，按不同香型，经高温蒸煮成鲜花露水，拌匀后再用木模印成椭圆形，晒干后用手工修整成鹅蛋形。因其蕴含天然花粉，又经多道工序精炼而成，所以香气浓郁、久留不散。

后来孔凤春的鹅蛋粉传入京城，深得慈禧太后的喜爱。传说，一次慈禧化妆时才发现鹅蛋粉用完了，于是在储秀宫大发脾气。李莲英立刻电谕杭州制造局，令其火速将鹅蛋粉送进京，这才平息了此事。鹅蛋粉因此也有了“贡粉”的称号。

20世纪二三十年代，孔凤春在杭州的化妆品市场独占鳌头，成了“杭粉”的代表，与杭剪、杭烟、杭锦、杭扇并称为杭州的“五大名产”。

68

上海老凤祥

企业名称：上海老凤祥有限公司
注册商标：老凤祥
创 始 人：郑熙
创建年代：清道光二十八年（1848年）
特色产品：黄金、白银、铂金、钻石、白玉、翡翠、珍珠、金镶玉、珐琅、红珊瑚

老凤祥是跨越了3个世纪的经典珠宝首饰品牌，也是中国珠宝首饰业、民族工业的一面旗帜和优秀企业的代表。如今的老凤祥集产供销于一体，产品仍以珠宝首饰为主体，并扩展到旅游纪念品、工艺品、钟表、眼镜等相关产业。

◎丹凤朝阳，金凤呈祥

清道光二十八年（1848年），据说出身于商帮之家的宁波镇海人郑熙在上海老城厢创建了“凤祥银楼”。后来，凤祥银楼迁至现今的南京路，改名为“老凤祥银楼”，今天的老凤祥正是由此发展而来的。“凤祥”二字寓意首饰的工艺精美超群，预示它会给佩戴首饰的人带来吉祥，同时又象征着女性的至善至美。

当年在老凤祥银楼大门上方，雕刻着栩栩如生的“丹凤朝阳”图案。100多年来，老凤祥始终将顾客视为太阳，秉持服务至上的理念。一位老凤祥的师傅曾对年轻员工说：“只有丹凤朝阳，百鸟才会朝凤！”

20世纪的上海大户人家，家中总会有只“压箱底”的龙凤金镯，它们大部分出自老凤祥的工匠之手。老凤祥的“跑街先生”还专门负责承接来料定制、来料加工等生意，服务到位，经常送货上门并听取顾客意见。如遇到加急情况，即使是逢年过节，老凤祥也一定会竭尽所能满足顾客的需要。

今天的老凤祥已发展成为拥有完整的产业链、多元化的产品线的大型首饰企业集团，其研究所、博物馆、专业工厂和遍布全国的3200多家银楼专卖店以及典当行、拍卖行等，构成了老凤祥的大规模产业体系。

◎ 金银细工制作技艺

中国古代金银制品的制作技艺博大精深，自商周时代产生以来，迄今已有3000多年的历史。老凤祥在汲取中国传统手工制作技艺精华的基础上，不断开拓创新，使其金银细工制作技艺名扬天下。2008年，“老凤祥金银细工制作技艺”荣列国家级非物质文化遗产名录。

老凤祥的金银细工制作流程极为复杂，包括创意设计、塑样、翻模、制壳、合拢焊接、灌胶整形、精雕、錾刻、镶嵌、脱胶、表面处理、总装等工序，每一步皆精工细作，追求极致之美。

近年来，老凤祥还成立了由国家级大师张心一和张京羊领衔的原创大师工作室，开展名师坐堂服务，将设计台搬到银楼第一线，让人们能够近距离感受传统工艺的无穷魅力。

老凤祥的店铺

参考资料

[1] 王成荣. 老字号品牌文化［M］. 北京：高等教育出版社，2018.
[2] 韩淑芳. 老字号民国趣读——老饭馆儿［M］. 北京：中国文史出版社，2018.
[3] 张卉妍. 老北京趣闻与传说［M］. 北京：中国华侨出版社，2018.
[4] 北京市商务委员会. 老字号新故事［M］. 北京：商务印书馆，2017.
[5] 迷案北京编委会. 谜案北京2：皇城根儿下的传说［M］. 北京：中国铁道出版社，2017.
[6] 任学明. 中华老字号经营智慧［M］. 北京：外文出版社，2011.
[7] 李燕山. 全聚德故事［M］. 北京：北京燕山出版社，2008.
[8] 李辉. 可惜从此无徽州［M］. 深圳：海天出版社，2019.
[9] 戎彦. 浙江老字号［M］. 杭州：浙江大学出版社，2011.
[10] 中华老字号名录［OL］. 商务部系统统一平台　中华老字号信息管理官网：http://zhlzh.mofcom.gov.cn/searchEntps.do?method=andiqudownload.
[11] 水席文化：真不同简介［OL］. 洛阳水席：http://www.luoyangshuixi.cn/about.php?cid=15.
[12] 回春溯源［OL］. 方回春堂官网：http://www.fhct.com/about.html#tabshow01a.
[13] 孔茜. 富春茶社　百年传承经典扬州“味”［N］. 扬州日报，2015-09-11.

本图书由北京出版集团有限责任公司依据与京版梅尔杜蒙（北京）文化传媒有限公司协议授权出版。
This book is published by Beijing Publishing Group Co. Ltd. (BPG) under the arrangement with BPG MAIRDUMONT Media Ltd. (BPG MD).

京版梅尔杜蒙（北京）文化传媒有限公司是由中方出版单位北京出版集团有限责任公司与德方出版单位梅尔杜蒙国际控股有限公司共同设立的中外合资公司。公司致力于成为最好的旅游内容提供者，在中国市场开展了图书出版、数字信息服务和线下服务三大业务。
BPG MD is a joint venture established by Chinese publisher BPG and German publisher MAIRDUMONT GmbH & Co. KG. The company aims to be the best travel content provider in China and creates book publications, digital information and offline services for the Chinese market.

北京出版集团有限责任公司是北京市属最大的综合性出版机构，前身为 1948 年成立的北平大众书店。经过数十年的发展，北京出版集团现已发展成为拥有多家专业出版社、杂志社和十余家子公司的大型国有文化企业。
Beijing Publishing Group Co. Ltd. is the largest municipal publishing house in Beijing, established in 1948, formerly known as Beijing Public Bookstore. After decades of development, BPG now owns a number of book and magazine publishing houses and holds more than 10 subsidiaries of state-owned cultural enterprises.

德国梅尔杜蒙国际控股有限公司成立于 1948 年，致力于旅游信息服务业。这一家族式出版企业始终坚持关注新世界及文化的发现和探索。作为欧洲旅游信息服务的市场领导者，梅尔杜蒙公司提供丰富的旅游指南、地图、旅游门户网站、App 应用程序以及其他相关旅游服务；拥有 Marco Polo、DUMONT、Baedeker 等诸多市场领先的旅游信息品牌。
MAIRDUMONT GmbH & Co. KG was founded in 1948 in Germany with the passion for travelling. Discovering the world and exploring new countries and cultures has since been the focus of the still family owned publishing group. As the market leader in Europe for travel information it offers a large portfolio of travel guides, maps, travel and mobility portals, Apps as well as other touristic services. Its market leading travel information brands include Marco Polo, DUMONT, and Baedeker.